WHAT TO DO WHEN IT'S YOUR TURN

지금
당신의
차례가
온다면

세스 고딘Seth Godin 지음 / 신동숙 옮김

한국경제신문

애니 케니Annie Kenney(1879~1953)는 영국의 공장 노동자로 초기 여성 참정권 운동에 참여했다. 그녀는 지역 회의인 타운홀 미팅town hall meeting에서 한 국회의원에게 여성 투표권 허용에 관한 의견을 물었다. 그 의원이 답변을 거부하자 그녀는 더욱 강력히 따져 물으며 소동을 벌였고, 그 벌로 감옥에 3일간 투옥됐다(참고로 당시 연단에는 그 의원 말고도 아직 젊은 나이였던 윈스턴 처칠이 함께 앉아 있었다). 그녀의 용기는 여성 참정권 운동에 불을 지폈으며 훗날 세상을 변화시키는 데 일조했다. 그 시대 다른 수백만 명의 여성들도 불평등한 제도에 분개하고 있었지만, 애니는 실제로 용기 있게 나섰고 행동으로 옮겼다.

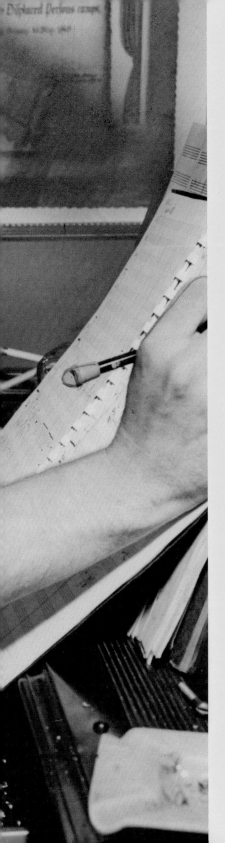

"질문이
무엇인지는
잘 모르겠지만,
답은 무조건
'**YES**'다."

레너드 번스타인Leonard Bernstein

기다려라

우리는 종종 이렇게
한 발로 서 있다가
못 참겠다는 듯 묻는다.
"왜 이러고 있어야 하는 거야?"
우리는 영화 예고편을 보고
내용이 마음에 들면 영화를 보러 간다.
한 번 듣고 자기 취향이 아닌
음악은 더 이상 듣지 않는다.
새로운 아이디어나 책을 접하면
자기만의 기준에 맞춰
얼른 분류해둬야 직성이 풀린다.
하지만 기다려라.
잠시 시간을 두고 지켜보자.
각자 해왔던 방식과 다를지 모르겠지만
적어도 이번만은
문제를 훌훌 털어버리고 싶은
욕구를 잠시 잠재워두자.
이번이 바로 중요한 뭔가를
할 기회이기 때문이다.

세스 고딘의 책

《퍼미션 마케팅》

《아이디어 바이러스》

《세스 고딘 생존을 이야기하다》

《보랏빛 소가 온다 1》

《보랏빛 소가 온다 2》

《미트볼 선디 마케팅》

《이제는 작은 것이 큰 것이다》

《마케터는 새빨간 거짓말쟁이》

《더딥: 포기할 것인가 끝까지 버틸 것인가》

《린치핀: 당신은 꼭 필요한 사람인가》

《세스 고딘의 시작하는 습관》

《이상한 놈들이 온다》

《이카루스 이야기》

《커다랗고 빨간 페즈 모자 The Big Red Fez》*

《부족들 Tribes》*

《어른들을 위한 ABC V is for Vulnerable》*

《그 오리로 무엇을 할 것인가 Watcha Gonna Do With That Duck》*

---

* 국내 미출간 도서

내 차례가 됐을 때 무엇을 해야 할까?
(사실 바로 **지금**이 **내 차례**다)

세스 고딘

도미노 프로젝트
WWW.YOURTURN.LINK
#yourturn

이제는 이렇게 할 차례다

밖으로 내보내고

더 크게 말하고

생각을 당당히 밝히고

추종자들을 만들고

신제품을 시장에 내놓고

관계를 맺고

흥미로운 문제를 해결하고

글을 쓰고, 노래하고, 발명하고, 창조하고

문제를 제기하고, 새로운 프로젝트를 시작하고

항의 집회를 열고, 누군가를 위해 문을 열고

권위에 의문을 제기하고

단편영화를 만들거나 연출하거나

제작하거나 창작하거나 들여오고

새로운 기술을 배우고

도움이 필요한 사람을 돕고

떠나고 나면 사람들이 그리워하는 이가 될 차례다.

이제는 한바탕 큰 소동을 벌일 차례다!

쉽고 재밌고 효과가 확실하며
누구든 할 수 있다

쉽고 재밌고 효과가 확실하다는 것만 빼곤 모두 사실이다.

이 책은 기회에 관한 이야기다.

이제 차례가 돼 능력을 발휘할 기회,

남을 위해 일하고, 사람들을 이끌고 최선을 다해 살아갈 기회 말이다.

하지만 쉽고 빠른 방법은 없다.

머릿속 시끄러운 잡음을 잠재울 간단한 방법도,

가족과 친구들에게 존경과 박수를 받을 확실한 방법도,

마음속 고통을 없앨 뾰족한 방법도 없다.

효과가 없을 수도 있다.

재미도 없을지 모른다.

그렇더라도 꿋꿋이 밀고 나가라.

BROKEN ESCALATOR THEORY

고장 난
에스컬레이터
이론

에스컬레이터에 두 사람이 탔다. 말쑥한 옷차림에 잔뜩 찌푸린 얼굴, 초조하게 서두르는 모습에서 둘 다 회사의 고위 임원임을 짐작할 수 있다.

그런데 에스컬레이터가 돌연 휘청거리는가 싶더니 순식간에 멈춰버렸다. 두 사람은 졸지에 고장 난 에스컬레이터에 발이 묶였다. 한 사람은 짜증 섞인 한숨만 내쉬고, 다른 한 사람은 도와달라고 고래고래 소리 질렀다. 회사에서 중요한 일을 하는 임원들이 당장 에스컬레이터를 고쳐주거나 구해줄 사람이 없어서 오도 가도 못하는 신세가 됐다.

이는 2006년 광고제작자 팀 파이퍼Tim Piper가 베셀Becel 이라는 회사의 광고에 삽입한 현대적 우화다. 삶의 우스꽝스런 진상이 여실히 드러나는 이 동영상은 사람들 사이에 널리 퍼지며 인기를 얻었다. 에스컬레이터가 고장 나면 그냥 걸어서 빠져나오면 된다. 그런데도 그 간단한 사실을 깨닫지 못하는 사람들이 너무 많다.

에스컬레이터는 계단으로 돼 있어 두 발로 걸어서 올라가거나 내려가면 된다. 물론 제대로 작동할 때보다는 불편하겠지만 동영상 속 두 남녀처럼 꼼짝없이 갇히는 상황은 벗어날 수 있다.

이 책은 그렇게 꼼짝없이 갇힌 상황을 직시하고 벗어나는 것, 즉 당신이 그대로 멈춰 서 있기를 바라는 시스템 속에서 빠져나오는 방법을 다룬다. 이 책을 읽다 보면 사실은 언제나 내 차례였음을, 일단 기회를 포착하기만 하면 바로 내 것이 된다는 진실을 이해할 것이다.

무엇보다도 이 책에서는 자유에 대해, 그리고 어떤 대가를 지불하고서라도 자유를 회피하고자 하는 사람들의 이상한 심리에 대해 생각해볼 것이다.

기회는 자유다

전 세계 그 어떤 사람과도 소통할 자유.
창조하고, 노래하고, 글 쓰고, 발명하고, 널리 공유할 자유.
앞에 나서서 이끌며 "나를 따르라"고 말할 자유.
다양한 주제를 다룬 온갖 강의를 듣고 배운 것을 적용할 자유.
어떤 프로젝트를 진행할지, 어떤 정보를 받아들일지
누구와 함께할지를 선택할 자유.
우리는 여전히 장벽과 한계가 가득한 세계에서 살고 있다.
비난을 당하고, 존엄성을 무시당하고
진정한 자유가 버젓이 거부당하는 세계에서 살고 있다.
하지만 동시에 경제와 기술의 변화로 새로운 차원의 도전에 나서고,
자기 차례가 됐음을 인식하고 적극적으로 나설 자유가 생겼다.
이제는 그 어느 때보다도
　　관심을 쏟을 자유,
　　연락을 취할 자유,
　　선택할 자유,
　　시작할 자유,
그리고 정말 중요한 일을 할 자유를 누릴 수 있다.
그러기로 선택하기만 하면 말이다.

"가장 좋아하는 단어가 무엇이냐고 물으셨습니까?
　바로 '행동하기'입니다."
　　　　　　　　　아이 웨이웨이 艾未未

문제는 자유다

자유가 불충분하다기보다는 자유를 감당하지 못한다.

아니, 더 정확히 말하자면 사람들은 자유를 감당할 수 없다고 믿는다.

자유에는 위험의 여지가 있고

자유에는 책임이 뒤따르며

자유롭다는 건 선택을 내려야 함을 의미하기 때문이다.

자유는 문제이자 기회다.

FREEDOM IS OUR PROBLEM and
FREEDOM IS OUR OPPORTUNITY

반드시 옳아야 한다는
얽매임에서 자유로워져라.

자유와 변화

흔히 '차례가 됐다'고 하면 뽑힐 때가 됐거나, 그다음 순서거나, 그 자리에 누군가가 적합하다는 뜻으로 쓰인다. 예를 들면 〈세븐틴Seventeen〉의 표지 모델이 될 차세대 뮤직 스타를 뜻할 수도 있고, 기대가 되는 뉴스 앵커나 차기 공장책임자를 뜻할 수도 있다. 아니면 단순히 식품점에서 물건을 사려고 기다리는 다음 고객을 가리킬 수도 있다. 이런 상황들 모두 그 당사자에게 변화가 일어나는 것을 의미한다.

하지만 이 '차례'라는 말을 변화를 주도하는 사람의 관점에서 볼 수도 있다. 우리는 흥미로운 변화, 더 나은 방향으로의 변화, 그리고 다른 누군가와 관계를 맺는 변화를 추구한다. 이는 자유롭게 변화를 이끌고 변화에 따른 갈등을 기꺼이 대면하겠다는 마음가짐이다.

인간의 뇌는 20세기를 살지만 가슴은 석기시대를 벗어나지 못하고 있다. 사람들 대부분은 독립적, 합리적, 객관적으로 살아갈 만큼 성숙하지 못했다. 인간은 이 세상에서 혼자이며 자기 이외에는 삶에 의미를 부여할 주체가 없다는 사실이 견딜 수 없어 근거 없는 믿음이나 우상을 좇는다. (…) 지금도 여전히 현대인은 불안에 쫓겨 온갖 독재자들에게 자신의 자유를 헌납한다. 또는 스스로 기계의 작은 톱니바퀴가 돼 잘 먹고 잘 입으며 자유인이 아니라 자동화 시스템 속에 파묻히고 싶어 한다. 에리히 프롬Erich Fromm

두려움과 어리석음

살다 보면 '내가 왜 이렇게 어리석을까' 싶은 순간이 종종 있다. 어려운 문제 앞에서 끙끙거릴 때면 그런 생각이 든다. 어리석음은 배움과 연관이 있어, 스스로 어리석다고 생각하다가도 배우고 나면 그런 생각이 쏙 들어간다. 즉, 어리석다는 생각은 배우지 못한 상태에서 느껴지는 감정이다.

어떤 학자들은 수학, 논리학, 생물학 분야의 난제를 풀어보겠다고 10년을 매달린다. 심지어 평생 매달리는 사람도 있다. 문제를 풀 때까지는 어리석다는 꼬리표를 계속 붙이고 있다. 꼬리표는 문제를 완전히 해결하고 나서야 떨어진다. 사실 어리석다는 생각 자체는 큰 문제가 되지 않는다.

문제는 뒤이어 따라오는 '두려움'이란 감정이다.

우리는 어리석은 사람처럼 보일까봐 두려워한다. 그리고 가능한 한 빨리 어리석은 자신을 극복해야 한다고 생각한다.

누구든 변화에 직면하면 자신이 아둔한 것처럼 느껴진다. 변화는 기존의 규칙을 깨고 새로운 미지의 규칙들을 만들어내는 과정이기 때문이다.

그러면 자연히 이런 공식이 성립한다.

변화 → 어리석음 → 두려움

이런 결과를 피하려면 어떻게 해야 할까?

변화를 피하거나 자유를 제한해볼 수도 있다. 그러나 두려움으로 이어지는 고리를 끊는 가장 좋은 방법은 어리석음을 있는 그대로 받아들여 마지막 단계를 생략하는 것이다. 아무것도 두려워할 필요가 없다.

단, 어리석음을 피하는 것은 안 된다. 어리석음이 오히려 바람직한 계기로 작용할 수 있음을 명심해야 한다.

변화는 갈등을 낳고

갈등은 변화를 낳는다

앤드루, 캐스퍼, 캘빈, 제니, 앤디, 맥켄지, 리지, 레드, 앨리슨, 위, 퀸, 매트, 리언, 첼시, 그리고 대표

내 차례에 나서기

기회는 좀처럼 오지 않는다.

앨리슨Allison은 박사 과정에 재학 중인 평범한 학생이다. 하지만 건물 내 금연정책을 널리 전파해 사람들의 생명을 구하고 건강에 대한 권리를 추구한다는 목표 아래, 다국적 비영리단체를 조직하고 있다는 점에서 남다르다.

캘빈Calvin은 실리콘밸리에 산다. 그는 새로 애플리케이션을 개발하면서, 주식공개로 이윤을 추구하는 상업적인 목표와는 거리를 뒀다. 자신이 개발한 기술을 그동안 늘 해왔던 일, 즉 소중한 친구들을 찾고 그들에게 관심과 사랑을 전하는 일에 활용하기로 한 것이다.

예술가로 활동 중인 **리지**Reggie는 가만히 앉아 미술관의 연락을 기다리지 않는다. 작품을 공개해 수천, 수만 명에게 감상의 기회를 제공하고 전 세계를 돌아다니면서 사람들과 공유한다.

레드Red도 리지와 같은 일을 한다. 다만 레드의 작품은 동영상이다. 그녀의 동영상을 보는 사람들은 이미 수백만 명을 넘어섰고, 그녀와 함께 일하고 싶어 하는 광고주들 역시 길게 줄 서 있다.

제니Jeni는 로스쿨에 다니는 수많은 학생들과 똑같은 이유로 로스쿨에 진학했다. 하지만 이제 그녀는 다른 쪽으로 눈을 돌려, 지구온난화에 맞서 지역사회의 환경운동을 주도하는 민간 기구를 설립했다.

맥켄지McKenzie와 **퀸**Quinn은 영국의 학교 교육 시스템을 개혁하겠다고 적극적으로 나선 것은 아니지만, 무작정 기회를 기다리기보단 어찌됐든 시도해보기로 결심했다. 그들이 세운 회사에서 교육받은 교사들의 수는 수천 명에 이른다.

앤디Andy는 고객들에게 고급 요리 재료를 주기적으로 공급하는 새로운 사업을 시작했다. 많은 이들이 그와 비슷한 계획을 세웠지만, 그가 다른 점은 생각을 실제 행동으로 옮겼다는 점이다.

미美를 중시하는 **첼시**Chelsea는 자신이 소중히 생각하는 가치를 날마다 창출하는 회사를 세웠다. 그녀가 세운 슈거페이퍼Sugar Paper는 1인 인쇄소로 출발해 아름다움을 동경하는 사람들과 유명인들에게 고급 종이제품을 판매하는 업체로 성장했다.

캐스퍼Casper는 하버드 신학대학원에 다닌다. 그는 다른 동료들과 달리 어려운 질문을 제기하는 데 그치지 않고 그 질문들을 다루는 정신적인 운동을 이끈다. 물론 완벽하게 준비되지 않았음에도 말이다.

앤드루Andrew는 책을 활용하면 비영리단체들의 생각을 널리 전파할 수 있다는 신념 아래 한 번에 한 군데씩, 한 페이지씩 책 속의 아이디어를 차근차근 행동으로 옮기고 있다.

매트Matt는 운동선수들을 대상으로 고기를 먹지 않는 운동을 시작했다. 그리고 이제는 자신의 생각을 널리 알리고 뜻을 같이하는 사람들을 모아 캠페인을 한 단계 발전시켜 나가고 있다.

동물들에 대한 관심이 깊은 **리언**Leanne은 그녀의 관심을 반영한 세계적인 패션 브랜드를 설립해 운영한다. 계절이 바뀔 때마다 그녀는 새로운 방향으로 브랜드를 성장시키고 있다.

위Yi는 열악한 위생 상태로 매해 수백만 명이 목숨을 잃는 현실에 눈을 떴다. 그녀는 팀을 꾸려 위생 상태를 개선하는 작업을 시작해 한 번에 한 국가씩 돕고 있다.

대표The Ambassador는 기업에 보다 인간적인 환경을 뿌리내릴 수 있는 색다른 방법을 구상하고, 그런 비전을 끊임없이 펼쳐나가고 있다.

사진 속 사람들은 무엇이 다른가?

우선 똑같이 티셔츠를 맞춰 입었다는 점이 다르다. 그리고 자기 차례에 기꺼이 나섰다는 점이 다르다. 또한 잘되지 않을지도 모른다는 사실을 알고 있다는 점, 두려움 속에서도 춤을 추는 기쁨(그렇다, 분명 기쁨이다)을 알고 있다는 점이 다르다.

하지만 이들을 포함해 세상에서 존경을 받는 사람들은 당신과 크게 다르지 않다. 다른 점이 있다면 그저 일과 일이 아닌 것의 이중성을 순순히 받아들이고, 실패에 대한 두려움에도 용감하게 도전하며, 끈질기게 파고들어 계획한 바를 행동으로 옮기고, 자기 차례가 됐을 때 주저 없이 나섰을 뿐이다.

실패했을 때의
대가는
아무것도 하지
않았을 때의
대가보다
적다

THE COST OF BEING WRONG IS LESS THAN
THE COST OF DOING NOTHING

어떻게 되든 괜찮다

자유에는 세 가지 문제가 있다.

상황이 뜻대로 흘러가지 않을 때가 많다.
해결하는 데 시간이 너무 오래 걸린다.
그리고 실패할지도 모른다.

그래서 막상 자기 차례가 되면 주저하며 한발 물러난다. 현재와 다른 새로운 장소로 뛰어오르기보단 지금 있는 곳에 머무르는 게 훨씬 안전하기 때문이다.

하지만 다르게 생각할 수도 있다. 그렇기도 하지만, 그렇지 않기도 하다고 생각하는 것이다. 실패하는 상황, 실패하지 않는 상황 모두를 고려하라. 또한 아직 결정되지 않고 알려지지 않은 세 번째 상태가 있다는 사실을 인식하라.

모두 다 괜찮을 필요는 없다.

오히려 상황이 유동적인 게 더 나을지도 모른다.

너그러운 마음으로, 갈등을 기꺼이 받아들이겠다는 자세로 전진하라.

한 걸음씩 나아가며 하나씩 배워가라.

가장 많이 실패하는 자가 승리한다.

롤러코스터는
클수록 재미있다?

스릴이 없는 롤러코스터는 진정한 롤러코스터가 아니라는 사실에 다들 동의할 것이다. 그런데 스릴은 무엇이며 누가 결정하는 걸까? 왜 어떤 사람들은 작고 단순한 롤러코스터도 무서워하고, 어떤 사람들은 크고 복잡한 롤러코스터만 타고 싶어 하는 걸까?

어릴 적 나는 롤러코스터를 무척 좋아해 크고 복잡할수록 더 재미있다고 생각했다. 하지만 나이가 들면서는 크든 작든 상관없이 롤러코스터라면 고개를 절레절레 흔들게 됐다.

어쩌면 스릴을 안겨주는 요소는 탈것 그 자체가 아니라 머릿속에서 만들어내는 경험이 아닐까? 즉, 롤러코스터가 시험을 통과한 안전한 놀이기구라는 사실과 금방이라도 떨어져 죽을 것 같은 본능적인 느낌이 스릴의 경험을 만들어내는 것이다.

이것은 서로 반대되는 두 가지가 동시에 작용한 결과다.

재미있고, 재미없고
효과가 있고, 효과가 없고
잘되고, 잘 안 되고

이런 갈등이 없으면 진정한 자유는 없다.
그리고 당신의 차례가 되더라도 아무 일도 일어나지 않는다.

자유에

구체적인 꿈

우리가 꾸는 꿈 중에 가장 안전한 것은 아이러니하게도 전혀 이뤄질 가망이 없는 꿈이다. 슈퍼맨이 되고 싶다든지, 무한한 능력이 생긴다든지, 불멸의 존재가 된다든지 하는 꿈 등이 그렇다. 스타가 되기를 꿈꾸지만 아무 노력도 하지 않는 10대 청소년은 꿈꾸는 게 아니라 꿈을 감추는 것이다. 슈퍼맨이 되기를 꿈꾼다고 해서 문제가 되진 않는다. 강철 같은 몸으로 빌딩 사이를 날아다니는 존재가 될 필요는 전혀 없으니 말이다.

하지만 구체적인 꿈은 다르다. 현실에서 가능한 것들을 가늠하는 예리한 감각과 노력이 필요하다. **구체적인 꿈을 꾸는 사람은 가능성과 불확실성을 나란히 놓고 보기 때문에 희망과 위험에 동시에 노출된다.** 가능성을 꿈꾸며 살려면 배짱이 필요하다.

그렇다, 변화는 개인적이다

크게 한번 외쳐보겠는가?

당신의 차례가 됐을 때 그때가 바로 당신이 나설 차례다. 당신에겐 자격이 있다. 선택권과 자유와 책임이 있다.

우리는 자기 자신을 의심하라고 배운다. 나아가 남을 의심하라고 배운다. 역사적으로 힘없는 계층에 속하는 사람들은 날마다 그런 현실을 맞닥뜨린다. 언어학자 키어런 스나이더Kieran Snyder의 연구에 따르면 문서로 작성되는 인사고과에서 여성들은 남성보다 언어 표현 방식에 대해 30배나 많은 지적을 받는다고 한다. 인사고과 담당자가 여성이든 남성이든 상관없이, 여성 근로자들은 그런 지적을 받으면 개인적인 비판이라고 느낀다.

외부인이 현재 상태를 위협한다고 판단될 때 내부자들은 맞서서 싸운다. 누군가 옳은 일을 하느라 현재 상태를 뒤흔들면 바로 공격의 대상이 된다. 모자 달린 옷을 입었다고 핀잔을 듣거나 교육받지 못했다거나 억양이 이상하다거나 배경에 문제가 있다는 등 인신공격을 받는다. 그 사람을 욕하고 깎아내리며 보이지 않는 벽을 만든다. 당연히 그런 상황에서 겉모습을 문제 삼아선 안 된다. 중요한 건 그 사람이 자기 차례가 돼 해야 할 일을 하고 있다는 점이다.

어느 날 휴스턴 경찰이 공연 분장실을 급습해 재즈 가수 엘라 피츠제럴드Ella Fitzgerald를 체포했다. 주사위 도박을 했다는 명분이었지만, 사실은 그녀를 모욕하기 위한 것이었다. 흑인 여성 의원 셜리 치좀Shirley Chisholm이 대통령 선거에 출마했을 때 정치 전문가들은 진지하게 보지 않았다.

힘 있는 사람처럼 행동하지 않거나, 힘이 있어 보이지 않거나, 힘 있는 사람들처럼 말하지 않는 사람들은 위협적인 존재로 인식되고 공격당한다. 새로운 시대적 기준이 자리 잡을 때까지 그렇다. 불공평하고 옳지 못하지만 이는 사실이다.

변화에는 고통이 따른다. 그렇더라도 실행하라. 변화는 개인적이다. 그리고 변화는 중요하다.

"꿈을 꿀 때
우리는
천재가 된다."

구로사와 아키라 黑澤明

"Man is a genius when he is dreaming."
Akira Kurosawa

공격당했는가

권력을 쥔 이들은 남의 성격적인 문제나 작은 실수를 이용한다. 자신은 이득을 보고 남들은 뒤처지는 환경을 조성한다.

정치인들은 사람들이 한 사건에 집중하는 시간이 짧다는 데 안도한다. 은행들은 사람들의 충동적인 성향을 잘 안다. 직장 상사는 실패할까 두려워하는 부하 직원의 마음을 이용해 힘을 행사한다.

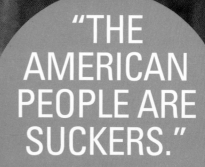

"THE AMERICAN PEOPLE ARE SUCKERS."

"미국인들은
어리석기 그지없어."

그렇다, 닉슨 대통령은 정말로 이렇게 말했다.

그렇다면 반격하라

규모와 영향력이 큰 조직일수록 진실을 말하는 사람을 두려워한다. 현실을 직시하는 사람, 상황을 바꾸려는 사람들과 대면하지 않으려고 애쓴다. 그런 조직들은 고장 난 에스컬레이터를 걸어 올라갈 만큼 의욕이 충만한 사람을 상대할 계획이 전혀 없다.

그렇다면 이제 우리가 나서보자.

깨진 약속의 대가

스탠퍼드대학교의 월터 미셸Walter Mischel 교수가 40년에 걸쳐 연구한 '마시멜로 테스트'에 대해 들어본 적이 있는가? 실험 내용을 짧게 설명하자면 이렇다.

만 3~5세 사이의 유아들을 도서관에 모아놓고 마시멜로를 한 개씩 나눠 준다. 그러면서 마시멜로를 지금 바로 먹어도 좋지만, 15분 뒤에 연구원이 다시 돌아올 때까지 안 먹고 기다리면 마시멜로를 한 개씩 더 주겠다고 말한다.

실험 결과, 스스로 통제하고 참는 능력이 대단히 중요한 지표라는 사실이 밝혀졌다. 마시멜로를 먹지 않고 참고 기다린 아이들은 20년 뒤에 더 행복하고, 부유하고, 성공하는 삶을 살았다.

그런데 그와 관련된 새로운 연구(bit.ly/sethmarshmallow를 참고하라)에서 한 가지 사실이 드러났다. 마시멜로를 즉시 먹어치운 아이들 중에는 '하나 더 주겠다'는 약속을 믿지 않았던 아이들도 있었다는 점이다. 물론 그럴 수도 있다. 어떤 가정과 문화에서 성장했는지는 우리가 상상하는 것보다 훨씬 중요하다. 약속이 지켜지지 않는 경우가 허다한 환경에서 자랐다면 미래의 약속을 믿고 기다리기가 엄청나게 힘들 것이다.

산업화 시대는 어릴 적 우리 모두에게 이런저런 약속을 늘어놓았다. 학교에서 열심히 공부하고 어른들 말에 순종하면 보답이 있으리라는 약속, 미래에 좋은 일자리가 기다리고 있으리라는 약속, 승진의 기회에 대한 약속, 공평함에 대한 약속 등. 그러나 산업화 시대가 저물어가면서 그런 약속들은 수도 없이 깨지고 있다.

오늘날 연결 경제Connection Economy는 자유를 비롯해 자기 차례에 나서는 것, 중요한 일을 하는 것에 대한 약속을 제안한다. 그러나 여전히 주저하면서 선뜻 행동에 나서지 않는 사람들이 그렇게 많은 것도 놀라운 일이 아니다. 우리가 마시멜로를 즉시 먹는 것은 약속을 어기는 상황이 너무 빈번히 일어나기 때문이다.

특히 우리는 눈길을 사로잡는 새로운 제의를 신중하게 고려한다. 크게 두려운 일이거나, 우리 자신 또는 다른 사람들을 믿어야 하는 제의라면 더 그렇다.

큰일 났다

꼬마야

우리를 믿다니 말이야

새장을 찾는 새

엄청난 자유, 아주 많은 선택권, 대단히 중요한 기회들이 우리 앞에 있다.

그럼에도 우리는 본능적으로 자기를 지켜줄 안전한 장소, 즉 선택의 의무와 기회에서 자유로운 장소를 찾는다. 뭔가를 선택하면 책임을 질 수밖에 없기 때문이다.

물론 새장 안에 있으면 보호를 받지만 동시에 다른 모든 것과 차단된다. 안타깝게도 우리는 새장 안에 있으면 기회보다 함정이 더 많아 보이는 세상에서 보호받을 거라 믿는다.

카프카는 새를 찾는 새장에 대한 글에서, 가둘 대상을 찾지 못하면 덫은 완성된 것이 아니라고 말했다. 그런데 그 반대가 진실에 더 가깝고 더 슬프다. 새장을 찾는 인간은 그 새장에 들어가 자신의 자유를 빼앗겨야만 불행이 끝난다고 생각한다.

내 차례로 만들기

의도적으로 자기 차례로 만들 수도 있다. 해리 벨라폰테Harry Belafonte의 매혹적인 노래가 내 귀에 들려올 때까지 굳이 기다릴 필요가 없다. 지금이라도 계획적이며 중심이 잡힌 삶을 살고, 중요한 사람이 되기로 결심할 수 있다.

의사가 어쩌다 보니 수술을 하게 되는 건 아니다. 제1바이올린 연주자는 내킬 때만 연습하지 않는다. 항공기 조종사는 상사가 보고 있을 때만 비행기를 안전하게 운행하는 게 아니다.

태도나 접근 방식, 기대를 스스로 바꿀 수 있다. 적극적으로 나서고, 꾸준히 실천해서 날마다 마법 같은 변화를 이끌 수 있다. 자기 차례가 돌아올 때까지 기다리는 게 아니라 자기 차례를 만들어나가는 것에 대한 이야기다.

4단계

모니카 하디Monika Hardy는 **알아채기, 꿈꾸기, 관계 맺기, 실행하기**의 4단계를 제안한다.

우리는 바쁘게 사느라 알아채지 못한다.

꿈을 이루려면 위험을 감수해야 하기에 꿈꾸지 못한다.

거절당할지 모른다는 생각에 관계 맺지 못한다.

우리는 알아채지 못하고, 꿈꾸지 못하고, 관계 맺지 못하기에 실행하지 못한다.

숨어 있는 열정 찾기

당신의 열정은 어딘가에 숨어 있는가?

그럴지도 모른다. 내 친구 미셸의 페이스북 담벼락에 누군가가 이렇게 적었다.

"당신은 일에 열정이 있는 것 같군요. 하지만 그런 성향은 저 같은 사람들을 질리게 하죠."

이제 열정을 찾지 말아야 할 이유가 두 가지 생겼다. 열정은 사람들을 도약하게 (또는 실패하게) 만들며 '누구 같은 사람들을 질리게 할 수 있다' 는 문제가 있다.

갈등을 찾아서

머지않아 이런 결론에 이를 것이다.

'위대한 업적은 갈등을 찾아 나선 결과다. 위대한 업적에는 안도와 확신이 필요치 않다. 오히려 확신을 피한다.'

그러면 이렇게 말할 수 있게 된다.

"어쩌면 기대했던 결과가 나오지 않을지도 모르는 뭔가를 찾고 있습니다."

충분히 가치 있는 일이다.

당신은 어떤 연필을 사용하는가?

WHAT KIND OF PENCIL DO YOU USE?

가장 많이 실패하는 사람이 성공한다

스티븐 킹Stephen King은 수없이 많은 베스트셀러를 써냈으며 대중에게 열렬한 사랑을 받는 작가다. 언젠가 그가 짧은 강연을 하고 난 뒤 청중에게 질문이 있는지 물었다. 아나나 다를까, 누군가가 손을 들었다. 질문은 대략 이런 내용이었다.

"작가님은 가장 유명한 작가로 꼽히고 널리 사랑받고 그 누구보다 많은 베스트셀러를 내셨죠. 그런데 책을 쓰실 때 어떤 연필을 사용하시나요?"

마치 스티븐 킹이 어떤 연필을 사용하는지를 알면 그와 같은 작가가 되기라도 한다는 듯한 질문이었다. 사람들은 흔히 발명이나 창작 활동을 하는 이들에게 이런 질문을 던지곤 한다.

"어디서 그렇게 좋은 아이디어들을 얻으십니까?"

형편없는 질문이 아닐 수 없다. 질문을 제대로 하려면 이렇게 물어야 한다.

"보잘것없는 아이디어들은 전부 어디서 얻으십니까?"

보잘것없는 아이디어가 많으면 저절로 좋은 아이디어가 생긴다. 창조적인 일을 하는 사람들은 아이디어가 흘러나오도록 내버려둔다. 가만히 앉아 작업하는 와중에 이런저런 아이디어들이 생겨난다.

보잘것없는 아이디어든, 훌륭한 아이디어든 시간이 흐를 때까진 스스로 판단할 문제가 아니다. 지금 할 일은 그저 아이디어를 만들어내는 것뿐이다. 다 만들고 나면 그때 세세히 골라내면 된다. 하지만 우선은 형편없는 아이디어들도 모두 생각해낸다. 많으면 많을수록 좋다. 그리고 최선의 아이디어를 얻으면 시장과 교류하고 참여하는 등 바깥에 널리 알린다.

훌륭한 아이디어를 얻는 공식은 간단하다. 가장 많이 실패하는 사람이 이긴다. 남보다 더 많이 실패하면 결국에는 성공하게 돼 있다. 계속해서 실패하려면 실패를 지속할 만큼 뛰어나야 하기 때문이다.

처절한 실패를 겪고 더 이상 시도하지 않으면 단 한 번의 실패로 끝난다. 그러나 떠오르는 아이디어를 끊임없이 내놓고, 세상에 알리고, 창조하고, 시도하면 무수히 많은 것을 배운다. 더 정확하게 보는 방법을 배우고 좋은 아이디어와 나쁜 아이디어를 구별하는 방법을 알게 되며 계속해서 뭔가를 만들어낼 수 있다.

작가의 슬럼프 같은 건 없다

어떤 사람들은 동기가 반드시 필요하거나 또는 필요하다고 느낀다. 그런 사람들은 창조적인 작업을 수행하려면 스스로 세운 일정한 질서나 적당한 분위기가 조성돼야 한다. 사실 그렇게 자기암시를 하는 사람들도 있다. 그런데 그런 행동은 일종의 은신이다.

작가 지그 지글러Zig Ziglar는 동기는 샤워와 비슷하다고 말했다. 유용하지만 효과가 오래가지 않아서 자주 반복해야 한다는 것이다.

동기부여와 관련된 책들이나 강연, 또는 그런 일과 관련된 사람들은 어떤 식으로든 '자신에게도 효과가 있었으니 남에게도 효과가 있을지 모를' 비법을 활용하라고 말한다. 하지만 그런 비법은 불필요하다.

사실 필요한 건 다음 두 가지다.

첫째, 문화적, 경제적 변화를 인식하고 이번이 자기 차례라는 사실을 깨닫는다.

둘째, 습관으로 만든다. 규칙적으로 얼굴을 내비치고, 글을 쓸 때가 되면 쓰고, 질문할 때가 되면 손을 들고, 매순간 적극적으로 협력하고 기여하는 습관 말이다. 그런 습관은 일을 하는 의미의 일부다. 또한 기회를 기꺼이 받아들이고, 연결하고, 새로이 만들고, 선택하는 자세가 필요하다. 바로 우리 자신의 일이기 때문이다. 현재 얼마나 의욕이 충만한지는 우리가 직면하는 기회나 의무와는 관련이 없다.

GROW
UP

성장하라

성숙해진다는 것

자유의 두려움을 받아들이고 스스로 길을 결정하는 것은 무엇이 정말 중요한지를 아는 성숙한 이들의 행동이다. 이런 성숙함은 나이가 아니라 선택의 문제다. 그래서 나이가 들어도 전혀 성숙하지 못한 사람들도 있다. 반면 나이와 관계 없이 건설적이며 성숙한 사람들은 누군가의 도움을 기다리기보다는 다른 이들을 위해 공헌한다.

아이 같은 것과 철이 없는 것은 다르다. 아이 같은 태도란 기쁨을 한껏 받아들이고 세상을 순수한 눈으로 보는 것이다. 하지만 즉각적인 만족을 바라거나 모두 다 괜찮을 거라는 보장만을 요구한다면 철없이 구는 것밖에 안 된다.

소음과 고통

머릿속에서 들려오는 시끄러운 소음은 주로 이런 것들이다.

첫째, 용기를 내서 자유를 포용하고 기회로 활용하면 좋은 결과가 있을 것이라는 보증이 필요하다.

둘째, 그러고 싶은 기분이 들어야 한다.

하지만 실제로는 둘 중 어느 것도 충족시키지 못한다. 결과를 보증하거나 책임지거나 "괜찮을 거야"라고 진심으로 말해줄 사람은 없다. 그럼에도 확신이 필요하다면 고통스러운 수밖에 없다.

이때 겪는 고통을 불교 용어로 '둑카dukkha'라고 한다. 변화하는 뭔가를 굳이 잡으려고 버둥거릴 때, 흔들리는 땅에 발을 똑바로 디디려고 애쓸 때 우리가 소망하는 것과 실제로 일어나는 일 사이의 부조화가 고통을 야기하는 것이다.

BUT
WHY
SUFFER

그런데 왜
고통을 겪는가

왜 우리는 남에게 들은 대로 행동할까? 안정된 삶에 대한 약속, 발 디딜 땅을 찾을 수 있다는 약속이 따라붙기 때문이다.

우리는 남들에게 들은 대로 살고 끊임없이 안정을 찾는 게 자유보다 낫다고 믿는다. 그러나 이는 잘못된 믿음이다. 안정에 대한 약속은 거의 지켜지지 않는다. 그런 약속이 계속해서 깨지면 결국에는 믿지 않게 된다. 모든 것이 괜찮을 거라는 말을 들어온 사람은 일이 순조롭게 풀리지 않을 때면 늘 실망한다.

우리가 고통을 받는 이유는 이루어질 것으로 기대했던 뭔가가 이루어지지 않아서다.

머리와 몸이 고생하는 것은 안됐지만, 단기적으로 성과를 얻지 못할 때조차 자유를 포용하는 자세가 필요하다. 이로써 미처 경험하지 못했던 것들을 경험하고, 무엇보다도 자기가 아끼는 것을 세상에 내주는 삶의 매력을 느낄 수 있다.

그러고 싶은 기분이 들어야 한다는 점에 대해서는 어떻게 생각하는가? 삶을 살아가기 위해 필요한 동기도 마찬가지다. 동기가 필요한 이유는 확신이 필요하기 때문이다. 우리는 잘되지 않을지도 모른다는 두려움에 마비돼 의욕이 꺾이도록 내버려두면서, 왜 못하는지에 대한 완벽한 변명을 늘어놓는다.

"동기는 아마추어들에게나 필요하다."

척 클로스 Chuck Close

의욕 불러일으키기

엄청나게 힘든 하루를 보냈다고 가정하자. 날씨도 나쁘고 감기가 오려는지 몸이 천 근만근이다. 저녁에 소개팅을 하기로 했는데 상대방에게 바람맞고, 집으로 돌아오는 길에 택시가 쌩하니 지나가면서 웅덩이 물을 튀기는 바람에 흙탕물을 왕창 뒤집어썼다.

아파트 쪽으로 터벅터벅 걸어가는데 휴대폰 벨이 울린다. 한동안 연락을 하지 못했던 친한 친구의 전화다. 친구는 다른 용무가 있었던 게 아니라 그저 내가 얼마나 좋은 사람이며 얼마나 소중한 벗인지 얘기해주고 싶어서 전화했다고 말했다.

아파트 문을 열고 들어서니, 룸메이트가 내가 좋아하는 친구 여섯 명을 초대해서 특별한 이유도 없이 깜짝 디너파티를 준비해놓고 있었다. 방은 밝고 따뜻했으며 내가 좋아하는 요리가 익어가는 냄새로 가득했고, 친구들은 환하게 웃으며 이야기꽃을 피우고 있었다.

자, 기분이 어떨까?

진짜 질문은 이것이다. 형편없는 하루를 특별하고 기분 좋은 하루로 바꾸는 데 필요한 것이 조촐한 디너파티와 전화 한 통이었다면, 형편없는 하루를 보낼 이유가 대체 어디 있는가? 나아가 이렇게 쉽게 기분을 바꿀 수 있다면 다른 누군가 또한 형편없는 하루를 보내도록 내버려두지 말아야 한다.

도움을 원하는 사람들은 우리가 내키지 않을 때조차 자기를 생각해주고 기분을 풀어주길 바란다. 그리고 우리가 스스로 기분을 다독여 다른 사람들의 기분을 좋게 바꿔줄 수 있길 바란다. 남을 기분 좋게 만드는 사람은 아주 소중한 자원이다. 그런 소중한 자원이 되는 법은 누구나 배울 수 있다.

해야 할 일을 하면 기분은 저절로 따라간다.

"효과를 보장합니다"

다양한 주제에 관한 입문서 시리즈 《더미에게 물어봐》나, 상대를 안심시키려고 하는 말 또는 뭔가를 하려고 시도도 하기 전부터 재촉하는 말들은 대개 '효과를 보장한다' 고들 말한다.

유명 대학교 입학과 관련해서는 역설적인 상황이 벌어진다. 대학들은 각기 전형 시험 점수를 발표하며, 들어가기가 얼마나 어려운지에 따라 대학들의 순위가 매겨진다. 이 순위는 수험자들이 어떤 이들로 구성되는지를 좌우하는데, 그 이유는 수험생들이 대학으로부터 거부당하는 것을 원하지 않기 때문이다. 그래서 많은 학생들이 자격을 갖췄음에도 불구하고 극소수 학생들만 순위가 높은 대학에 지원한다. 불합격할지도 모르니 지원하지 않겠다고 결심하는 것이다.

물론 어떤 경우에도 우리는 각자의 자원을 보존해야 하며 불가능한 일만 계속 벌여서는 안 된다(그 역시 숨는 행동이기 때문이다). 그러나 그 비용이 거부당하는 경험뿐이라면, 결과가 보증된 일만 하는 것은 어리석은 타협이다.

창조적인 작업에 적합한 기분 만들기

다음과 같은 것들은 효과가 없다.

뭔가 하고 싶은 기분 만들기, 적절한 도움을 받기, 자기 차례에 나설 방법을 찾으며 도전 의식 북돋기, 자극하기, 보답할 동료를 찾기.

마법을 부리는 총명하고 영특한 인물이 있으리라는 생각은 근거 없는 믿음이다. 뮤즈가 등장할 완벽한 조건을 갖추는 것과도 관련이 없다. 어떻게 하면 일을 하기 편한 환경이 되는지 알아내는 것과도 상관이 없다.

그보다는 일하는 동안 불편함이 있어도 기꺼이 감수하겠다는 의지가 있을 때 중요하고 창조적인 일을 할 수 있다.

지속적으로
시도하면
무한히
이어지는
게임에서
승리한다

WE
WIN
THE
INFINITE
GAME
WHEN
WE
KEEP
PLAYING

손가락 인형에게 한 방 맞다

실제로 머리나 얼굴을 가격당한 것은 아니지만 꼭 그런 기분이 드는 상황이 있었다. 1960년대에 텔레비전에 뻔질나게 나오던 램찹Lamb Chop이라는 손에 끼우는 인형을 혹시 아는지 모르겠다(모르는 편이 정신 건강에 좋을 거라고 생각하지만, 어쨌든 내 이야기를 끝까지 들어줬으면 한다).

1986년에 나는 미국영화연구소상AFI Award 후보에 올랐다. 오스카상에 견줄 정도는 아니지만 홈비디오 업계에서는 상당히 권위 있는 중요한 상이었다. 나는 아동용 홈비디오 부문 후보에 올랐는데, 경쟁자가 샤리 루이스Shari Lewis와 램찹 인형이 나오는 시시한 프로그램이었기 때문에 사실상 내가 수상자로 확정된 것이나 다름없었다.

나는 비행기를 타고 로스앤젤레스까지 가서 브루스 제너Bruce Jenner와 개리 콜맨Gary Coleman이 사회를 보는 시상식에 참가했다. 그리고 드디어 내가 후보에 오른 부문 시상 순간이 됐다. 후보를 호명하고 수상자를 발표했는데, 이 글의 제목을 보고 이미 눈치챘겠지만 영예의 수상자는 바로 램찹이었다.

나는 한 방 얻어맞았다.

사실 후보에 지목되지 않았다면 누가 상을 수상했는지조차 신경 쓰지 않았을 것이다. 누군가 "램찹이 미국영화연구소상을 받았대요"라고 얘기하면 "그랬군요!"라고 대꾸하고 아무렇지도 않게 지나갔을 것이다.

고통은 지금까지 기대하고 믿어온 평화롭고 확실하고 행복한 미래와, 실제 도전의 결과로 나타나는 현실의 차이에서 오는 부조화 때문에 발생한다.

에스컬레이터가 고장 나면 곧장 걸어 올라가도 된다. 하지만 그렇다고 해서 늘 바라던 결과에 이르는 것은 아니다.

두려움이 만들어낸 고통

산스크리트어 '상카라둑카Sankhara-dukkha'는 행고行苦(불교에서 말하는 삼고三苦의 하나로 생멸生滅의 변화에 따라 생기는 괴로움－옮긴이)라고도 불린다. 기대했던 대로 상황이 흘러가지 않을 때 어떤 느낌이 드는가? 상황을 묘사하면서 '그래야 한다'와 '그래서는 안 된다'는 표현을 쓸 때 느껴지는 고통이 바로 상카라둑카 또는 행고다.

"이건 내 파티니까 울고 싶으면 울 거야"라는 절묘한 노래 가사가 있다. 높은 기대치와 현실이 병치되는 상황을 잘 그려낸 가사다.

자기 차례를 맞아 당당히 나서고, 고장 난 에스컬레이터를 걸어 올라가고, 스스로 초래한 변화에 책임을 지더라도 기대와는 사뭇 다른 결과에 이를 것이다. 가장 절실히 필요한 순간이지만 선택받지 못하고, 완벽하리라는 약속은 거짓으로 밝혀지는 결과.

그런데 **이런 고통은 모두 만들어진 고통이다.** 이 고통은 실제로 일어난 일 때문이 아니라 미리 설정해둔 기대 때문에 생긴다.

상상 속 고통 없애기

물론 모든 고통이 만들어지는 것은 아니다. 인간이기에 겪는 고통, 가족으로 인한 고통, 부당함에 따른 고통은 결코 과소평가하거나 얕볼 수 없다. 나는 그저 우리가 스스로 초래하는 고통, 다시 말해 자유를 인식하는 방식에서 오는 고통에 대해서만 말하는 것이다.

첫째, 만들어진 고통은 실패를 미리 상상하고 여기서 생기는 불안감 때문에 생긴다. 아직 일어나지도 않은 일로 스스로를 평가하며, 이로써 지극히 고통스러운 왜곡과 자기 질책에 빠진다.

우리가 흔히 말하는 창작의 고통이 대부분 여기 속한다. 실패에 따른 수치심, 내 차례에 나서지 못하는 상황, 겸손과 자만 사이의 갈등, 자기 목소리 내기의 어려움, 엉터리처럼 보일지 모른다는 염려 등 문화적인 부담감도 이에 해당한다.

둘째, 만들어진 고통은 되돌려 받지 못한 빚이 있다는 느낌 때문에 생긴다. 역경을 뛰어넘고, 자기 차례를 맞아 시도하고, 맡은 바 최선을 다했지만 기대했던 결과를 얻지 못했다는 기분이 드는 경우다.

첫 번째 고통처럼 위험과 두려움, 숨 막힐 듯한 불안감이 엄습할 때는 최선의 노력을 다하기가 힘들어진다. 그러나 적극적으로 노력하면 충실한 내면의 경험을 통해 본능적으로 감사하는 마음을 갖게 된다. 그렇게 큰 가치를 얻고 나면 자신이 만들어낸 고통도 사라진다.

두 번째 고통처럼 성공적인 결과가 나타나지 않았을 때는 곧 잊어버리고 다시 언급하지 않는 게 가장 손쉬운 대응 방법이다. 실패했더라도 또다시 해보고, 관심을 갖고, 변화를 이끌어내기 위해 시도하는 자세가 그 무엇보다 중요하다.

마르셀 뒤샹과 '지연'

많은 이들이 20세기를 대표하는 예술가로 마르셀 뒤샹Marcel Duchamp을 꼽는다. 그는 사람들에게 생각할 거리를 던져준 중요한 예술가임에 틀림없다.

뒤샹은 '레디메이드readymade(현대미술의 오브제 장르 중 하나로, 실용적인 목적으로 만들어진 기성품이라는 최초의 의미에서 벗어나 별개의 의미를 갖게 된 작품을 뜻한다—옮긴이)'라고 불리는 예술 장르를 창시했다. 소변기나 가재도구들로 전시회장을 꾸미고 이를 예술이라고 명명했다. 뒤샹은 예술 작품을 만들거나 예술 활동을 한다는 게 어떤 의미인지, 사람들이 자신의 전시를 보고 의견을 제시하거나 생각하길 바랐다.

최근 그는 '지연delay'이라는 제목의 작품들을 창작했다. 그 작품들의 의미를 두고 여러 이론이 난무했지만, 내가 보기엔 불교에서 말하는 고제苦諦(사제四諦의 하나로, 현세의 삶이 곧 고통이라는 진리를 말한다—옮긴이)와 그 해법에 관해 전하고 싶었던 것 같다.

아름다운 그림을 보면 화가가 무엇을 말하려는지 그 즉시 이해될 것이다. 고민할 필요도 없이 순식간에 작가의 의도를 파악할 수 있다. 기대한 바와 실제 사이의 갈등도, 실질적인 괴리도 없다.

하지만 진실로 중요한 작품에서는 단절이 생겨난다. 다시 말해 지연이 발생한다. 우주에 있는 균열을 자각하는 순간, 그리고 균열이 해소되고 모든 것이 괜찮다고 다시 말할 수 있는 순간 사이의 시간적인 지연 말이다.

좁고 긴 복도를 통과하는 것 같은 그런 지연, 망설임의 순간, 우리가 알면서도 동시에 모르는 순간, 그런 것이 바로 자유의 느낌이다.

왜 '고도'를 기다리는가

사무엘 베케트Samuel Beckett는 여전히 기다리는 중일까? 고도는 언제 오는 걸까?
고도를 기다리는 행동은 과연 그가 나타날 가능성을 높일까? 기다리면 그가 모습을 드러낼 의무가 더 커질까?

지연과 마찬가지로, 그리고 복도를 통과하는 것과 마찬가지로 고도가 가치 있는 이유는 그가 오지 않을지도 모르기 때문이다. 그 점이 바로 연극이 끝날 때까지 앉아 지켜보게 만드는 힘이다. 물론 그 연극에서 결말은 중요한 부분이 아니다. **중요한 부분은 그 여정, 갈등, 그리고 불확실성이다.**

'싫어요'라는 평가 받기

스탠퍼드대학교의 저스틴 쳉Justin Cheng과 그의 연구팀에 따르면 소셜 미디어 사이트에 '싫어요' 처럼 방문자의 부정적인 감정을 표시할 수 있는 기능이 있는 경우, 최악의 평가를 받는 사람들은 오히려 더 나쁜 평가를 받음으로써 스스로 순교자가 되려는 경향이 있다고 한다.

그들은 점점 더 나빠져서 '좋아요' 를 전혀 받지 못하는 상황을 선택한다. 앞으로 나아질 수 있다고 믿는 것보다 차라리 견디기 쉽기 때문이다.

빠른 결단을 모색하거나
침묵하고 기다리거나

우리는 살아오면서 줄곧 갈등은 나쁜 것이라고 배웠다. 그런데 결과가 나오거나 결정을 내리면 갈등이 해소된다.

그래서 우리는 현재 상황이 어떤지 한시라도 빨리 알고 싶어 한다. 소설이 결말에 이르고, 영웅이 승리하고, 인터넷 뉴스에 새로운 소식이 업데이트될 순간을 고대한다. 그리고 무엇보다도 침묵이 깨지기를 기다린다.

예전에는 침묵을 소중한 가치이자 기쁨과 인간애의 진수로 여겼다. 아버지와 아들이 나란히 서서 해변을 묵묵히 걸어가거나, 잠자코 앉아 생각에 잠기거나, '다음에는 무슨 일이 생길까?' 기대하는 순간의 침묵들이 매우 소중했다.

하지만 이제 그 소중한 자리를 '지금 무슨 일이 벌어지고 있는가?'에 몰두하는 가벼운 흥분이 꿰찼다.

사람들은 갈등을 충분히 겪거나 평가 또는 반응이 나올 때까지 차분히 기다리지 않는다. 한시라도 빨리 알아내겠다고 쉼 없이 재촉한다. 신문은 굼벵이 같고 텔레비전 뉴스도 너무 느리다. 제일 먼저 소식을 접하려고 트위터 화면에서 눈을 떼지 못한다.

그 모두가 갈등을 끝내기 위해서다.

고도와 마르셀 뒤샹이 가치 있는 이유, 세상의 모든 훌륭한 것들이 의미 있는 이유는 갈등이 그 일부이기 때문이다.

지금 이 순간 갈등을 해소하는 것이 자신에게 얼마나 중요한가? 조금만 더 기다릴 수 있다면 우리가 하는 일에 어떤 영향을 미치는가?

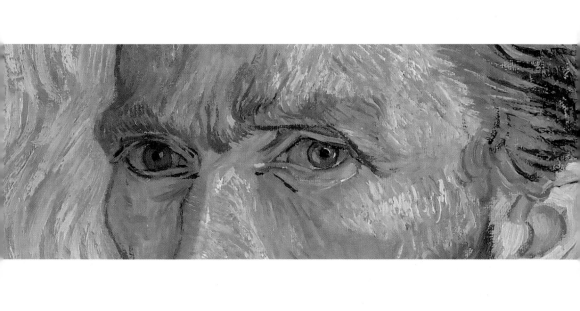

우리는 늘 준비돼 있지 않다

준비가 불충분하다는 평가보다 더 안 좋은 평가가 있을까?

그런데 준비가 불충분하다는 표현에는 사실 두 가지 의미가 있다. 하나는 기말고사 준비를 제대로 안 했거나, 연극 대사를 제대로 못 외웠거나, 총싸움에 칼을 들고 나타나는 등 현대의 산업화 시스템 속에서 제대로 기능하지 못하고 단절되거나 적절히 관리되지 못한 상태를 말한다.

또 다른 의미는 무엇일까?

우리는 뭔가를 난생처음 할 때는 항상 준비가 제대로 돼 있지 않다.

새로운 종류의 아름다움을 창조하거나 지금껏 경험하지 못했던 방식으로 누군가와 관계를 맺을 때는 늘 준비가 되지 않은 상태다.

또한 처음 베스트셀러를 내거나 유례없는 대실패를 겪을 준비는 누구도 돼 있지 않다. 사랑에 빠지거나 사랑받을 준비도 돼 있지 않다.

누군가에게 깜짝 놀랄 기쁨을 선사할 때, 또다시 위기가 닥쳤을 때 이에 대한 적절한 준비도 돼 있지 않다.

그런데 우리는 두려운 나머지 준비가 중요하다고 강박적으로 생각해서 미리 준비할 수 없는 영역에까지 그런 믿음이 흘러넘치도록 내버려둔다.

일어나는 모든 일에 적절히 준비가 돼 있어야 한다는 건 막상 도전하고 나서야 할 때 도전하지 않기로 선택한 것과 마찬가지가 아닐까.

우리의 삶에 **가장 큰 변화**를 가져올 책은
바로 **우리가 쓰는 책**이다.

시도하지 않는 것은 우리의 잘못이다

자기 차례가 돼 나설 때는 모든 게 자신의 잘못이 된다는 문제가 따른다. 했던 것뿐만 아니라 하지 않은 것까지 모두 자기 책임이자 잘못이 된다.

정치인들은 모든 걸 다른 사람의 잘못으로 떠넘기는 전략이야말로 선거에서 상대를 누를 최선의 방책임을 오래전에 파악했다. 그래서 다른 사람, 다른 문화, 다른 정부를 비난하며 본인을 빼고는 전부 문제가 있다는 식으로 몰아간다. 하지만 불청객처럼 불쑥 등장한 현대의 새로운 경제 시스템은 그와 상관없이 '원하면 시도하라'는, 어쩐지 으스스한 메시지를 끊임없이 전파한다.

사회문화적 장애물이 일부 사람들(예를 들면 나 같은 사람들)에게 아주 유리한 방향으로 작용한다는 데는 의심의 여지가 없다. 어디서 자랐으며, 부모가 누구이며, 사람들에게 어떤 평가를 받았는지 등 그 모두는 공상이 아니라 현실이다.

그렇다고 해도 현재까지의 변화를 계산하는 논법이 달라지지는 않는다. 유례없이 많은 사람들이 도심에 접근할 수단을 얻었으며 20년 전에는 상상도 못 했던 정보와 교육, 기회를 손에 넣게 됐다. 불과 20년 사이에 말이다!

낭비하기엔 너무나 아깝다. 그런데도 우리는 대부분 낭비하고 있다. 확실한 보장을 기다리느라 소중한 기회를 낭비하는 것이다.

> **"운명은 우리의 손에 있다. 성공*하지 못하면 그 책임은 우리 자신에게 있다."**
>
> 엘론 머스크Elon Musk

---

* 단, 성공을 정의하는 방식에 주의해야 한다. 성공은 다른 사람의 가치가 아니라 각자의 가치에 초점이 맞춰져야 한다. 무조건 받아들이지 말고 창조하라.

도전을 개인적인 감정으로 받아들이는가

도전은 분명 만만치 않다. 하지만 결과가 생각대로 나오지 않아도 개인의 잘잘못과는 관계가 없다. 개인적으로 책임을 느낀다면 그건 위험을 감지하는 인간의 본능에 기인한 감정일 것이다. 그런데 정말 그럴까?

어린아이가 보드게임을 하는 모습을 보면 진지함과 개인적인 감정이 서로 교차할 때 어떤 일이 벌어지는지 알 수 있다. 아이는 게임에서 지면 게임이 아니라 자신이 패하는 것이라고 생각한다. 아이에게 게임의 승패는 개인적인 문제로, 인간으로서 스스로의 가치를 점치는 투표 같은 개념이다.

그런데 일을 그렇게 개인적으로 받아들이면 좋은 결과를 내기가 힘들다. 결과에 대한 두려움 때문에 움츠러들고, 견뎌내기가 너무 힘들어서 오히려 일에서 개인적인 애착을 거두게 된다.

하지만 전문가 같은 자세로 기회에 접근하고 진지하게 받아들이면 맡은 프로젝트에 온 힘을 쏟아부을 수 있다.

실패를 감수하겠다는 마음으로 임하면 실패할 가능성은 오히려 줄어든다.

피타고라스와 다섯 번째 망치

직각삼각형의 빗변에 관한 정리를 내놓은 피타고라스 밑에는 총명하면서도 때로는 종잡을 수 없는 수학자들이 있었다. 그들은 만물이 어떻게 작용하는지 파악할 열쇠가 화성학에 있다고 믿었다. 그래서 만물을 기본 요소들로 나누고 비율을 연구해서 우주의 조화를 밝히는 데 힘을 모았다.

피타고라스에 관한 일화 중에 이런 이야기가 전해진다. 어느 날 피타고라스는 이론적으로 잘 풀리지 않는 문제에 맞닥뜨려 잠시 머리를 식힐 겸 산책을 나갔다. 그리고 대장간 옆을 지나던 중 일꾼 다섯 명이 대장간 안에서 큰 쇠망치로 작업하는 소리를 들었다. 쇠망치들이 쇳덩이에 부딪치면서 아름다운 화음을 만들어내고 있었다.

피타고라스는 대장간 안으로 들어가 망치 다섯 개를 받아 집으로 가져 갔다. 무엇이 그런 아름다운 조화를 이뤄내는지 알아내면 그가 풀지 못한 문제를 해결할 수도 있겠다는 생각이 들었기 때문이다.

피타고라스는 쇠망치 다섯 개의 크기와 무게를 쟀다. 왜 망치들이 각기 다른 소리를 내는지, 함께 소리를 냈을 때 왜 그런 아름다운 소리가 나는지 알고 싶었다.

이후 피타고라스의 연구는 수학과 우리가 사는 세계의 물리적 연관성을 밝히는 데 도움이 됐다. 그가 연구한 쇠망치들 중 네 개는 각각 다른 망치의 배에 해당하는 무게가 나갔는데, 그런 무게 비율로 조화로운 화음이 탄생했다. 그런데 놀랍게도 **다섯 번째 망치는 그 규칙과 전혀 관련이 없었다.** 다섯 번째 망치는 비논리적이었고 수치적 일관성이 없었으며 의미 없는 데이터였다.

피타고라스는 과학자들의 관행대로 나머지와 일치하지 않는 골칫거리 데이터인 다섯 번째 쇠망치를 제외한 나머지 쇠망치 네 개만으로 연구 결과를 발표했다. 그런데 알고 보니 골칫거리라고 생각했던 그 다섯 번째 망치가 바로 아름다운 소리의 비밀이었다. **다섯 번째 망치는 완벽하지 않았기 때문에 효과를 냈고, 자칫 무기력해질 수 있는 체계에 씩씩한 기상과 공명을 더했다.** 그래서 그렇게 절묘하게 어우러졌던 것이다.

크로스비Crosby, 스틸스Stills, 내시Nash, 닐 영Neil Young의 하모니 역시 크로스비, 스틸스, 내시 트리오의 맑은 통기타 선율에 딱딱하고 날카로운 선율을 더한 닐 영이 있었기에 가능했다. 닐 영의 목소리는 나머지 셋과 어우러지지 않고 종종 튀곤 했다. 그의 목소리가 적합하지 않았기 때문에 오히려 효과를 발휘했던 것이다.

큰 반향을 일으켰던 1974년 투어에서 크로스비, 스틸스, 내시는 다음번 공연 장소로 전용기를 타고 함께 움직였다. 그러나 영은 다른 멤버들과 같이 다니지 않았다. 그는 콘서트가 끝나면 트레일러에 꾸민 이동식 주택을 끌고 아들과 함께 다음 공연 도시로 이동했다. 영은 그들 그룹의 저항 요소이자 와일드카드였으며, 다섯 번째 망치였다.

그 다섯 번째 망치는 증명할 수 없고 명백하지 않으며 논의의 영역을 넘어서는 것이다.

이제 차례가 된 우리가 바로 다섯 번째 망치다.

다섯 번째 망치가
아름다움과 특별한 매력을
발휘한 것은
다른 망치들과 비슷했기
때문이 아니다
그 망치만의 도드라짐이
중요한 차이를 낳은 것이다

5달러를 거부하다

어쩌면 이 방법으로 거절의 진정한 의미를 깨우칠지도 모른다.

버스 정류장으로 가서 첫 번째로 눈에 띄는 사람에게 다가가라.

그리고 최대한 자신 있게, 신뢰를 주는 태도로 이렇게 말하라.

"여기 5달러짜리 지폐가 있는데 사시겠어요? 1달러만 받고 팔겠습니다."

보나 마나 상대방은 아무 대꾸 없이 그냥 지나갈 것이다. 눈도 안 마주치고 황급히 자리를 피할 공산이 크다. 그러면 속상하고 야속한 생각이 들 것이다.

'이렇게 무례할 데가! 5달러짜리 지폐를 1달러만 받고 팔겠다는데, 그걸 몰라주다니!'

하지만 버스 정류장에서 처음 본 사람에게 5달러짜리 지폐를 살 사람은 아무도 없다. 버스 정류장에서는 대개 뭔가 이상한 낌새가 느껴지는 물건은 사지 않으며 모르는 사람과는 대화를 나누지 않는 게 상식이다.

무슨 뜻인지 슬슬 감이 잡히는가?

상대방의 거절은 당신을 거부하는 게 아니다. 당신이 심혈을 기울여 준비한 신규 프로젝트를 거부하는 건 더더욱 아니다.

상대방은 그저 자기에게 제시된 것을 각자 세상을 보는 관점과 비교해서 검토한 뒤에 거절 의사를 밝힌 것뿐이다.

사실 당신은 상대를 설득할 기회가 전혀 없었다.

A3347310B

그들이 거부하는 것은 당신이 아니다

이번에는 아무것도 쓰여 있지 않은 흰 봉투에 5달러짜리 지폐를 넣어 이웃집 우편함에 넣어보자.

다음 날에도 똑같이 한다. 그다음 날에도 한 번 더 그렇게 한다.

넷째 날이 됐을 때 그 집의 초인종을 누르고 5달러가 든 봉투를 건네면서 이렇게 말해보자.

"그동안 우편함에 5달러짜리 지폐를 계속 넣은 사람이 접니다."

그리고는 쓱 웃어 보인 다음 집으로 돌아오자.

다섯째 날 다시 가서 초인종을 누르고 이렇게 물어보자.

"저, 혹시 이 5달러짜리 지폐를 1달러에 사시겠어요?"

모르긴 몰라도 버스 정류장에서 난생처음 만난 사람에게 말했을 때보다는 상대의 반응이 한결 부드러울 것이다.

당신이 봉투에 넣은 5달러짜리 지폐는 앞서 이야기한 5달러와 가치가 똑같다. 하지만 이번에는 우리가 건네는 말뿐 아니라 상대에게 들을 말도 달라진다. 이상한 상황이지만(그리고 이상한 행동이지만) 그럼에도 수상쩍은 기분이 거의 느껴지지 않는다.

우리가 창조하는 모든 것, 남에게 전달하고자 하는 모든 아이디어, 새로 착수한 모든 프로젝트들은 이 5달러짜리 지폐와 똑같다. 때로는 선물로 주겠다는데도 상대방이 거절할 때가 있다. 그런가 하면 어떤 경우는 상대방이 10달러를 주고서라도 꼭 사겠다고 적극적으로 매달리기도 한다.

그들이 받아들이는 (또는 거절하는) 것은 스토리다. 당신이 아니다.

"공포는
'쾅' 소리가 아니라
앞으로 뭐가
닥칠 것 같은
예감에서 발생한다."

알프레드 히치콕 Alfred Hitchcock

실패의 두려움

구석구석까지 길이 뚫리고 없는 게 없는 현대사회에서 생존에 대한 염려는 대표적인 두려움 축에 끼지도 못한다. 야생동물에게 목숨을 위협당할 일도 없고, 지난 세기에 창궐하던 전염병들도 거의 종적을 감췄다. 대도시 범죄 발생률은 그 어느 때보다도 낮아졌다.

그렇다면 요즘 사람들은 무엇을 두려워할까?

바로 실패를 두려워한다.

학교, 경영자들, 그리고 우리를 둘러싼 문화는 실패에 대한 두려움을 날마다 늘린다. 건선을 앓으며 고생하고 암내로 굴욕을 겪는 것도 괴로운 일이지만, 그 무엇과도 비교할 수 없는 가장 끔찍한 공포는 시도하고 실패하는 것이다.

실패는 미리 염려했던 것만큼 그렇게 불쾌하지 않다. 사실 괴로움은 실패 때문이 아니라 두려움 때문에 온다.

게다가 우리는 마음에서 들리는 소리를 계속 증폭시키는 경향이 있어서, 자기도 모르게 자유를 실패와 연관 지어 생각한다. 그래서 실패에 대한 두려움은 저절로 자유에 대한 두려움으로 탈바꿈한다.

피곤한 기분을 피하려는 마음과 비교해 생각해보자. 피곤하고 다리가 뻐근해지는 게 싫은 사람이 마라톤에 도전할 수는 없다. 뛰어난 마라톤 선수는 기진맥진하지 않을 방법은 터득하지 못하더라도, 온몸의 힘이 빠졌을 때 어떻게 대처해야 할지는 잘 안다. 극도로 지치고 피곤한 상태를 기꺼이 대면하겠다는 의지가 없다면 장거리 달리기에 나설 수 없다.

마찬가지로 실패를 상상하고 싶은 생각이 없다면 자유로워질 수 없다.

불과 몇 세대 만에 상황이 많이 바뀌었다. '우리가 두려워해야 할 것은 두려움 그 자체다' 라는 말은 '우리가 느끼는 두려움은 자유라는 두려움이다' 로 바뀌었다.

솔베이에서 무슨 일이 있었던 걸까?

1927년 브뤼셀에서 열린 '솔베이 회의'에 물리학자 29명이 모였다. 위 사진은 회의에 참석한 하이젠베르크,* 아인슈타인, 퀴리, 보어 같은 거물을 포함한 유명 과학자들을 담은 것이다.
이 사진에 나온 사람들 중 17명이 노벨물리학상을 받았다.

---

* 하이젠베르크가 실제로 그곳에 있었는지는 정확히 확인하기가 어렵다.

더 놀라운 사실은 이 17명 중 대다수가 이 회의가 개최된 이후에 노벨상을 받았다는 것이다.

노벨상을 받았기 때문에 회의에 초대받았던 게 아니라, 회의에 초대받았던 게 자극이 돼 노벨상을 수상하는 결과를 낳았다는 것을 기억하라.

우리도 이런 일을 해낼 수 있다.

힘들고 어려운 일

세미나 참가 신청서나 인턴 지원서를 받을 때마다 대부분 지원자들이 내세울 만한 실질적인 기술이 없다는 사실에 흠칫 놀라곤 한다. 지원자들은 '경영 지원' 경험이 있다거나, '새로운 일에 과감히 도전하기' 같은 항목에는 흔쾌히 그런 적이 있다고 답하지만, 코딩하는 법을 안다거나, CSS 혹은 인디자인InDesign 같은 툴을 사용할 줄 안다고 적어내지는 못한다. 너무 오랜 세월 동안 학교 규칙에 따르고, 또래와 어울려 지내고, 좋은 성적을 받는 데 애쓰느라 정작 독자적으로 뭔가를 하는 방법은 익히지 못한 탓이다.

실용적인 기술이 없으면 온·오프라인을 망라하고 자신의 주요 프로젝트라고 제시할 만한 사례를 만들어내기 힘들다. 즉, '내가 이걸 만들었다'고 내세울 만한 게 없는 것이다.

오늘날 정신노동에 종사하는 사람들이 유례없이 많아졌다. 그런데 성공에 다가설 유일한 방법은 중요하거나 실현하기 어려운 뭔가를 이루기 위해 노력과 감정을 쏟아붓는 것뿐이라는 사실을 종종 잊곤 한다.

우리 앞에는 전보다 훨씬 유쾌하고 자유로운 일을 할 기회가 있다. 그런 일을 하지 못하도록 막는 유일한 존재는 바로 우리 자신이다.

고통 없는 길

잠재력을 제대로 발휘하지 못하는 고통.

고려 대상이 되지 못하는 고통.

의견을 내더라도 남들이 들어주지 않는 고통.

큰 조직에서 하찮은 일원이 되는 고통.

주위와 어우러지지 못하는 고통.

조직 내에서 자리 잡지 못하는 고통.

이 정도로는 부족하다며 끊임없이

요구하는 세상에 부합하려고 노력하는 고통.

그런 고통 속에서 살아가는 사람들이 너무 많다.

그와 다른 길은 받아들이기 힘들기 때문이다.

다른 길을 선택하면 이제는 자유에 따른 고통이 수반된다.

"자, 제가 이걸 만들었습니다"라고 말하는 고통,

큰 영향력을 미칠 기회를 갖는 고통 말이다.

고통 없는 길은 없다.

어쩌면 고통을 피할 수 있어도 진정으로 중요한 일을 할 순 없다.

거북 여틀

뉴욕은 고급 부동산 시장이 지속적으로 성장하고 있다. 특히 건물의 맨 꼭대기 층인 펜트하우스는 천장이 높고 전망이 좋아 인기다. 얼마 전 건물을 짓는 현장을 지켜본 적이 있는데, 아니나 다를까 건물의 마지막 층은 다른 층들보다 층간 높이가 훨씬 높았다. 펜트하우스는 높이만 높을 뿐 아니라 창문들도 엄청나게 크다.

그런데 곰곰이 생각해보면 높은 천장과 탁 트인 창문 밖으로 내려다보이는 경치를 즐기며 펜트하우스에 앉아 있을 땐 자기 집보다 더 위층에 집이 있는지 어떤지 알아볼 방도가 없다. 사실 그런 건 어떻게 되든 문제가 되지 않는다.

하지만 중요하게 여기는 이들도 있다.

그저 높이 오르는 데 그치지 않고 다른 모든 이들 위로 올라서려 했던, 닥터 수스Dr. Seuss의 유명한 동화 《거북 여틀Yertle the Turtle》에 나오는 여틀(다른 거북이들의 등을 밟고 올라가서 자신의 가치를 뽐내려다가 거북 탑이 무너지는 바람에 머리가 진흙에 박히게 된 거북왕의 이야기로, 지나친 욕심이 화를 부른다는 교훈을 전한다—옮긴이)처럼 자격 없이 맨 꼭대기에 오른 펜트하우스 거주자들은 승자가 돼 우위를 누리는 대가를 지불한다.

승자로 인정받겠다는 욕구는 자기 차례를 맞아 적극적으로 나설 능력을 저해한다. 적극적으로 나서려면 패배를 기꺼이 받아들일 자세가 돼야 하기 때문이다.

넓은 마음으로 사람들과 교류하고 더 나은 방향으로 변화시키려고 노력해야만 훗날 예술가와 같은 경지에 이를 수 있다. 때로는 자신이 우월하고 우쭐한 기분이 들 때도 있지만, 사실 예술가의 경지는 자신이 이기는 상황에서는 결코 나오지 않는다. 이기려면 다른 사람들을 패배시킬 수밖에 없기 때문이다.

그런 건 거북 여틀에게나 해당하는 일이다.

"두려움은 마음을 없앤다.
두려움은 완전한 소멸로
이끄는 작은 죽음이다.
나는 두려움과
대면하고자 한다.
두려움이 덮쳐와
나를 훑고 지나가도록
내버려둘 것이다."

"그렇게 지나가고 나면
나는 내면의 눈을 떠
두려움이 거쳐 간 길을
바라볼 것이다.
두려움이 지나간 길에는
아무것도 남지 않을 것이다.
오직 나 자신만이
남아 있을 뿐."

프랭크 허버트Frank Herbert

이렇게 하라

확실성을 피하라.
스스로 선택하라.
만족감을 미뤄라.
즐거움을 찾아라.
관대하라.
두려움과 춤을 춰라.
평범함을 견디지 마라.
세상을 있는 그대로 보라.
자신의 주인이 되라.

그게 싫다면 이렇게 하라

가능한 한 확실성을 추구하라. 선택하고 지시하고 갈등을 완화할 권한을 남에게 전가하라.

기회만 생기면 만족감을 누려라. "오늘까지만 먹고 내일부터 다이어트 해야지"라는 말을 습관적으로 하라. 걸핏하면 자동차 경적을 빵빵 울려대고, 이혼한 옛 배우자와 말다툼하고, 화를 내며 식탁을 주먹으로 쾅 내리치고, 남에게 훈계할 거리를 찾아라. 그렇게 해야 직성이 풀리고 자신은 그럴 자격이 충분하다고 생각하라.

누군가에게 받는 관용은 좋지만 시간과 노력을 들여 남을 돕고 관용을 베풀어야 할 땐 늘 뭔가 해야 한다고 이유를 대라.

그리고 무엇보다도 두려움(그리고 두려움에 대한 두려움)에 결정을 맡겨라. 고장 난 에스컬레이터 위에 서서 도와달라고 고함질러라. 누군가가 달려와 자신을 구해주기만을 기다려라.

좋은 기분은 오래가지 않는다

안드레 애거시Andre Agassi는 자서전 《오픈Open》에서 테니스를 하며 깨달은 비밀에 대해 말했다.

"윔블던의 경험으로 내가 변한 것 같진 않다. 그보다는 굳이 들춰낼 필요가 없었던 비밀을 알게 된 기분이다. 우승한다고 달라지는 건 아무것도 없다는 사실 말이다. 나는 그랜드슬램을 달성하면서 이 세상에서 극소수 사람들만이 맞닥뜨리는 진실을 알게 됐다. 승리의 기쁨은 패배의 좌절만큼 깊지 않고, 좋은 기분은 나쁜 기분만큼 오래가지 않는다는 것이다. 그 둘은 비교도 되지 않는다."

수많은 작가들은 아마존의 독자 서평에서 다섯 명에게 들은 좋은 평가보다 한 명에게 들은 혹평이 더 큰 영향을 미친다고 믿는다. 영업사원들은 다섯 건의 계약을 체결했을 때 느끼는 뿌듯함보다 한 건이 성사되지 않았을 때 받는 상처가 더 크다고 믿는다. 슬픈 현실이 아닐 수 없다.

그러고 보면 중요한 뭔가를 위해 목소리를 높이거나 힘 있게 나서거나 행동하려들지 않는 것도 이해가 간다. 좋은 기분은 나쁜 기분에 비교도 되지 않는다고 확신하기 때문이다.

"선택의 여지가 없었어요"

희망을 내려놓아야 하는 상황이라면 이렇게 말할 수 있는 것만으로도 훌륭하다. 선택권이 없었고, 선택 조건이 제한적이었고, 다른 사람의 지시나 명령을 따를 뿐이었을 때는 우리 잘못이 아니다. **우리 탓이 아니다.** 이렇게 치부해버리면 기분이 참으로 편하고 좋다. 자유가 없으니 책임도 없다. 선택의 여지가 없었는데 어떻게 책임을 질 수 있는가?

애처로운 목소리로 "제가 결정해야 했어요"라고 시인하는 상황과는 대조적이다. 선택권이 있고 선택의 자유가 주어지면 그에 따른 책임을 져야 한다. 그런데 이미 짐작했을지 모르지만, 사실 선택권은 항상 우리 자신에게 있다.

선택의 여지가 없었다고 말하려면 적어도 이렇게 설명해야 정확하다.

"내가 이것과 저것을 지켜내려면 다른 선택의 여지가 없었어요."

"평지풍파를 일으키거나, 대소동을 벌이거나, 소중한 뭔가를 빼앗길 위험을 감당하지 않으려면 선택의 여지가 없었어요."

그런데 정말 선택의 여지가 전혀 없었을까?

사람들은 의도적으로 선택권이 없다는 환상을 만들어낸다. 자유로워지는 게 무섭기 때문이다. 하지만 깊이 생각할수록 자신에게 얼마나 많은 선택권이 있는지 차츰 깨닫게 된다. 대표적으로 우리는 어떤 길을 택할지, 더 중요하게는 어떤 길을 택하지 않을지 결정할 수 있다.

예를 들면 개설하지 않은 블로그, 그만두지 못하고 계속 다니는 직장, 간과하고 지나치는 부당한 일들, 수강하지 않은 과목, 구하지 않은 개인지도 교사, 물어보지 않은 질문 같은 것들이 우리의 선택에 따른 결과다.

에스컬레이터를 탄 채로 걸어 올라가면 더 빨리 갈 수 있다. 그리고 어떤 에스컬레이터든 언젠가는 멈춰 서기 마련이다. 그럴 때 어떻게 대응할지는 우리가 결정할 몫이다. 자유는 항상 우리 것이기 때문이다.

언제가 적당한 시기인가

언젠가 유명한 투자은행의 인턴 20여 명 앞에서 강의한 적이 있었다. 그들은 또래들과 비교해 최상위층에 해당하는 학생들이었다. 유명 대학을 나오고, 자식에게 신경 쓰는 부모님이 있고, 도움이 될 만한 인적 네트워크가 있었다. 내가 강의하러 갔을 때 그들은 감색 양복에 흰 셔츠를 입고선 마치 세상의 한가운데를 차지한 듯 커다란 회의실 테이블에 둘러앉아 있었다.

이 스무 살짜리 학생들에겐 거의 모든 측면에서 대부분의 사람들보다 더 많은 선택권이 있었다. 직업적 선택권, 가족과 관련된 선택권, 지리적인 선택권 등 선택 조건은 무궁무진했다.

나는 이 학생들 앞에서 30분 동안 고장 난 에스컬레이터 이론, 그들이 누리는 자유, 최선을 다하기로 선택할 수 있다는 점, 돈 버는 기계의 톱니바퀴 이상이 돼야 한다는 점 등을 역설했다.

한 여학생 인턴이 손을 들었다. "그렇지만 기다리는 것도 좋지 않을까요? 어찌됐든 다들 갚아야 할 학자금 대출이 있으니까요. 지금 위험을 무릅써야 한다는 게 이해가 안 되네요. **시간이 흘러 지금보다 자리가 좀 잡히면 그 후에 각자의 길을 찾아도 되지 않을까요?**"

하지만 문제가 있다. 적당한 시기는 절대 찾아오지 않는다. 결혼해서 가정을 이루면 그때는 적당한 시기가 아니다. 아이들이 대학에 입학할 즈음도 적절한 시기가 아니다. 나이 든 부모를 모셔야 할 때도 마찬가지다.

안정이라는 환상을 위해 자유를 포기해야 하는 이유는 수천 가지도 넘는다. 그런데 그런 이유들은 두려움과 자유의 관계를 오해하는 데서 출발한다.

인생에서 일생일대의 기회다.

다른 누군가를 위해서가 아니라 바로 자신을 위한 것이다.

나중이 아니다.
바로 지금이다.

격분과 치열은 다르다

격분은 자존심이 드러나는 상태다. 격분한 사람은 설욕하고 유리한 고지를 되찾아 상황을 바로잡으려고 싸운다.

텔레비전으로 볼 때는 멋있어 보일지 모르지만, 사실 격분한 상태에서는 노련미나 관대함을 발휘하기 어렵고 상황을 냉철하게 파악하기 힘들어 성공하는 경우가 드물다. 격분한 사람은 그저 상대를 짓누르겠다는 생각에만 사로잡힌다.

파키스탄에서 1년을 보내고 돌아온 아심Asim이라는 친구가 있는데, 그는 파키스탄에 있는 동안 상당히 인상 깊은 글을 남겼다. 그 글에 이런 대목이 나온다. 그가 인터넷으로 복싱 체육관을 검색해서 적당한 곳을 찾아갔는데, 체육관 관장이자 파키스탄 훈자 지역의 격투기 선수인 에티샴Ehtisham에게 이런 말을 전해 들었다고 한다. "헉헉거리며 쉴 새 없이 몸을 움직이면 역효과만 난다. 그럴 바에야 깨끗이 패배를 인정하는 편이 낫다."

그의 말처럼 격분하면 힘을 발휘하지 못한다. 그렇지만 치열함은 다르다.

치열한 예술가는 자존심을 내던지고 안정된 상태를 포기하며 두려움의 영역으로 나아간다. 자신의 작품과 자기가 속한 사회, 세상에 영향을 미칠 기회를 소중히 여기기 때문에 주위 사람들 모두가 격분에 휩싸이더라도 분별 있게 선택하고 행동할 줄 안다.

치열함에는 진정성과 헌신이 필요하다. 치열함이란 가장 급박한 상황이 무엇이며 지금 가능한 일은 무엇인지 직시하는 자세다. 치열하게 대처하는 사람은 아무 문제가 발생하지 않도록 신경 쓰느라 에너지를 낭비하는 일이 없다. 왜냐하면 아무 문제도 생기지 않을 리는 없기 때문이다.

그렇지만 언제 어떤 일이 생기더라도 전혀 상관이 없다.

치열함은 지금 하려는 일이 극히 중요하며, 순조롭지 못할 수 있다는 사실을 명확히 인식한 채 살아가는 삶을 의미한다.

JUST BECAUSE YOU'RE NOT A DRUMMER, DOESN'T MEAN THAT YOU DON'T HAVE TO KEEP TIME.

PAT YOUR FOOT & SING THE MELODY IN YOUR HEAD, WHEN YOU PLAY.

STOP PLAYING ALL THAT BULLSHIT (THOSE WIERD NOTES, PLAY THE MELODY!

MAKE THE DRUMMER SOUND GOOD.

DISCRIMINATION IS IMPORTANT.

YOU'VE GOT TO DIG IT TO DIG IT, YOU DIG?

ALL REET!

ALWAYS KNOW... (MONK ↓)

IT MUST BE ALWAYS NIGHT, OTHERWISE THEY WOULDN'T NEED THE LIGHTS.

LET'S LIFT THE BANDSTAND!! I WANT TO

AVOID THE HECKLERS.

DON'T PLAY THE PIANO PART, I'M PLAYING THAT. DON'T LISTEN TO ME, I'M SUPPOSED TO BE ACCOMPANYING YOU!

THE INSIDE OF THE TUNE IS (THE BRIDGE) IS THE PART THAT MAKES THE OUTSIDE SOUND GOOD.

DON'T PLAY EVERYTHING (OR EVERYTIME); LET SOME THINGS GO BY. SOME MUSIC JUST IMAGINED. WHAT YOU DON'T PLAY CAN BE MORE IMPORTANT THAN WHAT YOU DO PLAY.

A NOTE CAN BE SMALL AS A PIN OR AS BIG AS THE WORLD, IT DEPENDS ON YOUR IMAGINATION.

STAY IN SHAPE! SOMETIMES A MUSICIAN WAITS FOR A GIG, & WHEN IT COMES, HE'S OUT OF SHAPE & CAN'T MAKE IT.

WHEN YOU'RE SWINGING, SWING SOME MORE! WHAT SHOULD WE WEAR TONIGHT? SHARP AS POSSIBLE!

ALWAYS LEAVE THEM WANTING MORE.

DON'T SOUND ANYBODY FOR A GIG, JUST BE ON THE SCENE. THOSE PIECES WERE WRITTEN SO AS TO HAVE SOMETHING TO PLAY, & TO GET CATS INTERESTED ENOUGH TO COME TO REHEARSAL.

YOU'VE GOT IT! IF YOU DON'T WANT TO PLAY, TELL A JOKE OR DANCE, BUT IN ANY CASE, YOU GOT IT! (TO A DRUMMER WHO DIDN'T WANT TO SOLO).

WHATEVER YOU THINK CAN'T BE DONE, SOMEBODY WILL COME ALONG & DO IT. A GENIUS IS THE ONE MOST LIKE HIMSELF.

THEY TRIED TO GET ME TO HATE WHITE PEOPLE, BUT SOMEONE WOULD ALWAYS COME ALONG & SPOIL IT.

전부 다
연주하려고
하지 마라

시기상조라고 느낄 때

400여 년 전 구텐베르크Gutenberg는 인쇄기를 내놓았다. 당시 유럽 인구의 96퍼센트가 문맹으로, 책을 만드는 기계를 시장에 내놓는다는 건 참으로 얼토당토않은 일이었다. 막 출시하려는 상품을 활용할 수 있는 사람이 25명 중 한 명밖에 되지 않고 사용 방법(글을 읽는 법)을 배우려면 몇 년씩이나 걸리니, 그런 프로젝트를 추진한 것 자체가 터무니없었다.

카를 벤츠Karl Benz가 독일에서 자동차를 처음 선보였을 때는 자동차 운행이 법에 저촉되는 행위였다. 그래서 벤츠는 왕에게 요청해 허가 증서를 받아야 했다. 게다가 그 당시 운전을 할 줄 아는 사람은 아무도 없었다. 물론 도로도 없었으며 주유소도 없었다. 이 역시 프로젝트를 추진하기에는 참으로 어처구니없는 시기가 아닐 수 없다.

준비된 것과 각오가 된 것 사이에는 근본적인 차이가 있다.

우리는 보통 생각보다는 각오가 많이 돼 있다. 그렇지만 준비는 아직 되지 않았을 것이다. 더군다나 현재 뭔가 가치 있는 일을 하고 있다면 준비된 상태일 리가 없다. 왜냐하면 우리는 늘 준비되기에 앞서 최선을 다하고 적극적으로 나서기 때문이다.

밥 딜런과 무대 공포증

제대로 긴장을 풀 새도 없이 무대에 올라 1만 5,000명 앞에서 공연할 일이 얼마나 있을까? 만일 3,000회째 공연이라면 공연 전 떨리고 초조한 기분은 분명 느껴지지 않을 것이다.

우리가 긴장하는 건 공연 때문이 아니다. 긴장하는 이유는 머릿속으로 떠올리는 공연에 관한 생각 때문이다. 그러나 해야 할 일을 하다 보면 생각은 어느새 사라진다.

용기 있는 사람들만 할 수 있는 일

혈통이 좋은 순종 말을 타는 기수가 되거나, 대대를 이끌고 전투에 참가하거나, 경찰이 돼 밤 근무를 설 만한 신체 조건이 된다고 해보자.

이런 일은 위험하고 어려워서 용기가 필요하다.

이 외에도 감정노동이 상당히 많이 필요하고 위험하다는 느낌을 극복해야 하는 일들이 틀림없이 있을 것이다. 그런 일들은 육체적으로 위험하진 않지만 역시 용기가 필요하다.

'용기' 같은 단어는 그 단어가 붙은 일을 나머지와 구분 짓기 때문에 사람들 입에 자주 오르내린다. "용감한 사람들에게나 가능한 일이지, 우리에게는 적합하지 않다"는 식으로 말이다. 용기와는 거리가 멀다거나, 씩씩하지만 용감하다고는 할 수 없다고 스스로를 평가해서 곤란한 상황에서 빠져나올 여지를 만든다. 용감하고 용기 있는 사람이라는 평가는 자신보다 더 나은 위치에 있는 사람들에게나 해당한다며 손사래 친다.

그러나 고장 난 에스컬레이터에서 걸어 올라가는 데 용감한 정신이나 용기가 필요하진 않다. 그런 상황은 전혀 위험하지 않다. **그저 위험한 것처럼 보일 뿐이다.** 남보다 용감하고 대담한 사람이 될 필요는 없다. 창의력 면에서 별 볼 일 없다고 느끼는 사람에게 창조적인 재능을 발휘하라고 밀어붙이지는 않듯이 말이다. 다만 기회를 얻으려면 실제로 어떤 일이 벌어지고 있는지 단순히 바라보기만 하면 된다는 사실을 전하고 싶다. 잘못된 걱정과 예측은 근거 없는 두려움만 낳을 뿐이다.

자신의 차례를 맞아 나서기 위해 허락이나 승인, 그 어떤 종류의 허가도 받을 필요가 없다. 그저 두 눈을 뜨고 바라보고, 그다음에는 선택하기만 하면 된다.

돈을 받지 않는데 왜 굳이 뭔가를 창조하거나 기여해야 하느냐고 묻는 사람들이 간혹 있다. 그런 사람들은 출판사에서 원고료를 지급한다는 보장이 없으면 소설 쓰기를 망설이고, 돈 때문이 아니라 좋아하기 때문에 아직은 보잘것없는 뭔가에 열중하는 이들을 비웃는다.

과거에는 열정에 속했던 것들이 이제는 전부 상품화됐다. 그래서 조각가나 골프 선수, 작가, 극단 기획자 같은 일을 하면서도 으레 보수를 받아야 한다고들 생각한다.

텔레비전을 보는 데도 돈을 받는가

그런데 지적인 활동을 추구하면서 대가를 받는다면, 산업화 시스템에서 노동자들이 각자의 직업에 대해 생각하게 된 것처럼 가능한 한 일은 적게 하면서 돈은 더 받아야 마땅하다는 논리다. 참으로 부끄럽고, 죄스런 상황이다.

그러지 말고 잠시만이라도, 단순히 좋아하기 때문에 뭔가를 결정하고 창조하고 협력하면 세상이 어떻게 될지 한번 상상해보자. 아니, 한발 나아가 실제로 행동해보자.

'더 낫다'는 것은 무엇인가

예전에는 '더 낫다'는 말이 '어느 정도의 기준을 충족한', '더 믿을 만한'이란 뜻이었다. 또는 뭔가를 성공적으로 완수하거나 창조해서 그에 따른 이득을 얻을 수 있음을 의미했다.

하지만 지금 '더 낫다'는 말은 관계가 더 깊고 넓다는 것이다. 오늘날 연결 경제에서 친밀한 관계는 매우 소중한 가치다. 더 낫다는 것은 인간적이고 연약하며, 잘될 때도 있지만 잘되지 않을 때도 갈등과 긴장을 포용하는 걸 의미한다.

우리는 항상 더 나은 방향으로 나아갈 수 있다.

시장은 어떤 이야기를 하는가

우리가 하는 일에 시장이 어떤 반응을 보이는지 신경이 쓰일 것이다. 시장은 성공과 실패, 수용과 거부 등 온갖 평가와 이야기들을 쏟아낸다.

하지만 시장의 이야기보다는 우리가 갖는 생각과 이야기가 훨씬 중요하다. 중요한 의미를 잃지 않고, 굴하지 않는 자세로 과감히 나서는 것에 관한 이야기 말이다.

물론 겉으로 드러나는 이야기도 중요하다. 특히 표면적인 현실이 각자의 머릿속 생각과 이야기에 영향을 미치기에 더더욱 그렇다. 하지만 머릿속 생각과 의지는 각자의 몫이며, 결실 있는 이야기를 만들고 실천하며 살 것인지는 우리 자신에게 달려 있다.

더 이상 두렵지 않을 때까지 계속하라

두려움을 완전히 떨쳐내기는 힘들다. 그렇다면 이렇게 해 보자. 남에게 공개할 수 있을 만큼의 글이 나올 때까지 계 속해서 쓰는 것이다. 망설이지 말고, 글에 대한 평가는 잠 시 미뤄두고 일단 글을 써라. 그리고 더 써라. 쓰고 또 쓴 뒤에 이제는 공개해도 될지 가늠해본다. 공개할 수준이 아 직 안 된다고 판단되면 또다시 써라.

아이작 아시모프Isaac Asimov는 날마다 동틀 무렵에 일어나서 정오까지 글을 썼다. 하루도 빠짐없이 말이다. 그리고 정기적으로 책을 출판해서 평생 동안 400여 권의 책을 냈다. 그는 최선을 다해 쓴 자기 작품에 매번 경탄했다.

해야 할 일을 할 뿐

모리타 요법은 1920년대에 일본에서 개발됐다. 이 접근법은 건설적인 사람은 많은 직무를 처리하고 일에 전념할 필요성과 자신의 기분을 구분할 수 있다는 믿음을 핵 심 전제로 한다.

밤중에는 구름이 달을 가리는 경우도 있다. 하지만 달이 보이지 않더라도 거기 있다 는 사실에는 변함이 없다. 구름이야 어찌해볼 도리가 없다. 불안한 마음을 떨치려고 애쓰거나 다시 집중해서 최선을 다할 조건이 될 때까지 기다리는 대응 방식은 좌절 을 낳을 뿐이다.

모리타 쇼마森田正馬는 일을 해야 한다는 사실이 날씨와는 무관한 것처럼, 인간의 감 정 역시 일을 할 필요나 일상적인 삶을 살아가는 것과는 관련이 없다고 환자들에게 가르쳤다. 두려움과 불안 같은 감정은 생겼다가 사라졌다 한다. 그런 감정을 알아차리는 것은 괜찮지만 그 감정들과 맞서 싸우거나 집착할 필요는 없다. 특히 창조에 방해가 될 때는 더욱 그렇다.

만일 두려움 때문에 적극적으로 도전하지 못했다면 두려움이 승리한 것이며, 이후로도 두려움은 계속해서 찾아올 것이다. 그럴 때 모리타는 다른 접근법을 썼다. 두려움이 닥치면 일단 주어진 일을 한다. 두려움을 알아차리고, 가능하면 환영하되 묵묵히할 일을 하는 것이다.

밖은 시끄럽다

그러니 조용하게 할 방법을 강구해야 한다.

기반을 찾고 각자 추구하는 안정을 얻을 길은 두 가지다.

우선 가장 일반적인 방법을 소개한다. 산업화 시스템을 받아들이고, 남들이 제시한약속을 믿고 따르면서 안정을 추구한다. 세상 사람들의 눈에 잘 안 띄고 별로 힘들지 않은 한직閑職에서 일하면서 전부 다 괜찮아지도록 노력해볼 수 있다.

그렇게 해본 결과는 어떤가?

또 다른 길은 이 세상이 안식처를 제공하진 않으리란 사실을 인식하는 데서 출발한다. 안정적인 발판을 찾을 유일한 길은 발판을 스스로 만들어내고, 머릿속 생각을바꾸고, 변화 가득한 정신없는 세상을 인내하지 말고 그대로 포용하는 내면의 기초를 쌓는 것임을 이해한다.

뱃사람들은 파도가 거칠더라도 크게 신경 쓰지 않는다. 신체적인 조건이 특별해서가 아니라 배가 출렁이는 현상을 당연히 받아들이기 때문이다. 외부 전망이 흔들리면 우리는 자연히 전망을 찾아 나서게 된다.

고통은 비논리적인 기대와 그에 부응하지 않는 세상이 함께 존재하는 난감한 현실에서 온다.

탐험가는 길을
잃은 사람이다.

팀 케이힐 Tim Cahill

눈을 돌려라

무엇을 창조할 것인가

누구를 돕겠는가?

어떤 관계를 맺겠는가?

무엇에 관심을 두겠는가?

이 세상에는 아름다움을 찾을 기회, 고통을 줄일 수 있는 기회가 너무 많다 보니 자칫 이를 못 본 체하며 살아가기 쉽다.

그 많은 기회가 정말로 존재한다면, 우리가 그 자리에 있어 어린아이가 더 나은 삶을 살 수 있다면, 우리가 관심을 갖고 행동함으로써 텅 비어 있던 것이 가득 찬다면 우리는 무엇을 해야 할까?

더 나은 방향으로 바꾸고 적극적으로 나서서 변화를 주도하는 것 말고는 선택의 여지가 없다.

변화를 주도할 기회

마이클 슈러지Michael Shrage가 언급했듯이, 모든 위대한 조직은 변화를 주도한다. 예술가들도, 다른 사람들도 마찬가지다. 우리 모두 변화를 이끈다.

소중하기 때문에 바로잡거나 뒤엎거나 새로 만들고 싶은 뭔가가 있는가?

바로 지금, 바로 여기서 시작하라.

고름이 나올 때까지 처절히 겪을 각오가 돼 있다면 말이다.

시선을 다른 데로 돌리지 마라.

기회를 바라보고 거머쥐어라.

기회는 우리 것이다.

한 번에 두 가지 미래를 사는 것에 관하여

자기 차례에 적극적으로 나서고 변화를 위해 노력한다고 해서 매번 변화가 일어난다는 보장은 없다.

우리 앞에는 두 가지 길이 있다.

기대한 대로 잘될 수도 있다.
기대했지만 잘 안 될 수도 있다.

실패의 두려움 너머 서로 다른 두 미래 속에서 살아야 한다는 갈등이 있다. 우리는 각자 생각을 적용하고 접근 방법을 구체화하기 위해, 앞으로 어떻게 될 것이며 어떤 느낌일지 마음속으로 그려나간다. 자기가 그린 미래 속에서 살기 시작하는 것이다.

일어나지 않을지도 모르는 미래 속에서.

"다 괜찮을 거야"

자주 쓰이는 이 말은 '원하는 대로 다 이루어질 거야'라는 의미로도 쓰인다. 그런데 사실은 그렇지 않다. **절대, 원하는 대로 다 이루어지진 않는다.**

다 괜찮을 것이라는 말은 사실 '무슨 일이 생길 것'이라는 뜻이다. 그리고 어떤 일이 벌어지든 대응 방안을 찾아낼 수 있다는 의미다. 벌어질 일에 대해 '괜찮다'고 규정함으로써 일과 우리가 속한 세계를 받아들이고, 중요한 뭔가를 만들어가는 탐색의 문을 여는 것이다.

"이제야 명확히 알겠다.
가능한 상황은 두 가지다.
누구든 이렇게 하거나 저렇게 할 수 있다.
내 솔직한 의견이자
진심 어린 충고를 전하자면
이렇게 하든 저렇게 하든 후회한다.
… 용기를 내면
안정된 발판을 잠시 동안 잃는다.
그러나 용기를 내지 않으면
자기 자신을 잃는다."

쇠렌 키르케고르 Søren Kierkegaard

IF YOU CARE ENOUGH TO RISK FAILURE,
CHOOSE TO DO EXCEPTIONAL WORK

———————

실패의 위험을 무릅쓸 정도로 좋아한다면
아주 훌륭하게 해내기로 선택하라

IF YOU CARE ENOUGH TO DO EXCEPTIONAL WORK,
CHOOSE TO RISK FAILURE

———————

아주 훌륭히 해낼 정도로 좋아한다면
실패를 무릅쓰기로 선택하라

모두 만들어진 것이다

어린 시절 아주 심각한 공포증을 앓던 친구가 있었다. 그 친구는 어른들에게 들었던 말 중에 "모두 네 머릿속에서 나오는 거야"라는 말이 큰 상처로 남았다고 했다 (물론 그 말을 했던 어른은 분명 좋은 의도로 이야기했을 것이다).

머릿속에서 나온 감정이라고 해서 아프거나 괴롭거나 숨 쉬기 힘든 고통이 없는 것은 아니다.

자유와 대면했을 때 느껴지는 어마어마한 두려움 또한 우리 머릿속에 있다. 공포가 머물 장소는 그곳뿐이다. 삶 속의 모든 드라마, 모든 끌림, 연결, 우리가 신뢰하는 의미들과 마찬가지로 두려움도 우리가 만든 것이다.

벤저민 잰더Benjamin Zander와 로즈 잰더Roz Zander는 우리가 삶의 이야기를 만들어가는 게임을 하고 있는 것이라고 말한다. 사람들은 각자 예측을 하고 규칙과 기준을 만들어낸다. 어떤 일이 일어나기를 바라는지, 어떤 일이 벌어질 필요가 있는지 구성한다.

그리고 무엇보다 자유를 추구하지 못하도록 방해하는 요인들을 만들어둔다.

그런 설정이 제 역할을 하지 못하면, 즉 그런 설정 때문에 병이 나거나 불행해지거나 기대한 효과를 발휘하지 못하면 사람들은 이런 질문을 던질 것이다. 왜 뭔가 다른 걸 만들지 않았을까?

다른 규칙, 다른 기대, 성공이 무엇이고 성공이 아닌 것이 무엇인지 결정하는 다른 방법을 만들어냈더라면 잘되지 않았을까?

그런데 정확하고 올바른 설정이란 존재하지 않는다. 우리는 서로 다른 목록을 가지고 있다. 각자 다른 기대, 공평함에 대한 정의, 일련의 목표를 두고 있다. 이런 기준은 변함없이 유지되는 게 아니라 늘 바뀐다. 한 달 전, 1년 전, 10년 전과 지금의 설정은 똑같을 수가 없다.

우리 각자가 고유하게 만들어진 세계관을 가지고 있고 그 세계관이 계속해서 바뀐다면 의도적으로 바꿀 수도 있지 않을까? 예를 들어 일이면서 일이 아닌 양면성을 감수한 채로 살아가기를 열망하기(그저 편하게 느끼는 게 아니라 간절히 바라기), 모든 일의 결과를 통제하지 못하며 바로 다음에 벌어질 일조차 알지 못하는 세상에서 살아가는 자유를 받아들이기 같은 규칙을 만들면 어떨까?

창조적이고 역동적이며 행복한 사람들은 일을 개인적인 감정으로 생각하지 않고 진지하게 받아들인다. 그리고 모두 괜찮으리라는 사실을 중심으로 각자의 설정을 머릿속에 해둔다. 생각해보면 그만큼 좋은 방법도 없다.

반복 재생되는 이야기

머릿속에서 지속적으로 재생되는 이야기, 예측과 일의 발생, 줄거리, 실망스런 일들과 그 처리 방법에 관한 상호작용은 **모두 만들어진 것이다.**

널리 알려진 수면제 앰비언Ambien은 사실 잠을 더 많이 자게 하는 데는 별 도움이 되지 않는다(한 연구에 따르면 하룻밤 동안 고작 18분을 더 자게 한다고 한다). 그보다 이 약이 효과 있는 이유는 건망증을 유발하기 때문이다.

앰비언은 지난밤에 깊이 자지 못했다는 사실을 잊어버리게 한다.

불면으로 인한 고통은 스스로 얼마나 피곤한지를 자꾸 상기시켜서 발생한다. 앰비언은 잠을 더 자도록 도와주진 않지만, 스스로 만들어내는 부정적인 이야기(잠을 못 자서 피곤하다고 되뇌는 행위)를 없앤다.

모두 만들어진 것이다. 물론 모두 실제다. 고통도 진짜고 답답함도 진짜지만 그 증상을 만들어낸 이야기는 우리가 꾸며낸 것이므로 바꿀 수 있다. 고통이 실재하듯, 변화시킬 방법도 실재한다.

자유의지와 머릿속 실황 중계

자유와 자유의 의미에 대한 이야기로 다시 돌아가자.

사람들에게 머릿속에서 들려오는 목소리와 관련해 질문했을 때, 그들은 입을 모아 말했다. 저 위에 있는 누군가가 끊임없이 재잘대면서 중요한 결정을 내린다고 말이다. 그 누군가가 '아이스크림을 먹고 싶다'고 말하면 아이스크림을 먹는다. 선택 조건을 고려하고 결과를 놓고 예상하며 행동을 결정하는 주체는 바로 이 해설자의 목소리라는 것이다. 그들은 적어도 그렇게 느끼는 것 같았다.

그러나 대니얼 데닛Daniel Dennett을 비롯한 여러 철학자들과 과학자들은 그 주장이 사실이 아님을 밝혔다.

이렇게 생각해보자. 유명 스포츠 캐스터 데이브 호지Dave Hodge가 야구 중계를 한다. 그 중계 실황이 녹화된 비디오를 음성이 영상보다 6초 앞서서 나오도록 조절해서 재생한다. 그러면 보통 때처럼 게임 상황이 벌어진 다음에 설명하는 것이 아니라 호지가 설명을 하면 바로 그 일이 벌어진다.

"마운드에 오른 스즈키 선수, 와인드업 합니다. 스트라이크!" 호지가 하는 말을 듣는다. 그런 다음 스즈키 선수가 와인드업을 하고 공을 던진다.

물론 장난이다. 선수가 할 행동을 스포츠 캐스터가 지시하는 것이 아니라, 선수가 어떤 행동을 하고 난 뒤 설명하는 것임을 다들 알고 있다. 그런데 그것이 바로 머릿속 목소리가 작용하는 방식이다. 목소리는 그저 실황을 중계할 뿐이다. **머릿속의 목소리는 두뇌의 어떤 영역이 행동을 개시하고 나면, 지금 막 하려는 그 일을 묘사할 뿐이다.**

우리가 미칠 것같이 괴롭고, 숨고 싶고, 자유로워지기 어려운 이유는 바로 그런 작용 때문이다. 머릿속에서 재잘대는 목소리는 대단한 힘이 있는 체하지만 사실은 남의 밥상에 슬쩍 숟가락을 얹은 데 불과하다.

모든 것을 뒤바꿀 만큼 중요한 사실이니 잠시 시간을 내서 곰곰이 생각해보라. 머릿속에서 들려오는 목소리는 실제로는 우리 몸이 결정한다.

물론 일종의 주기가 있다. 그렇게 되면 머릿속 목소리는 몸의 다른 부분으로 밀려나 스트레스나 망설임을 유발하거나 뒤늦은 비판을 늘어놓는다. 그렇기에 그 목소리를 아예 없애버릴 게 아니라 기분 좋게 넘길 수 있어야 무슨 일에서든 최고의 성과를 낼 수 있다.

뭔가를 맨 처음 시도했던 때가 언제였는가

사람들은 자신이 나설 차례가 되면 내면의 문화적 본능에 따라 가능한 한 안전한 쪽을 선택하고, 자중하고, 예측 가능한 반응을 보인다. 노래로 비유하자면 새롭고 위험 부담이 있는 곡보다는 인기 있는 히트곡을 택한다.

안타까운 일이 아닐 수 없다.

이제는 블로그에 글을 올리고, 옛 친구에게 전화를 걸고, 팟캐스트를 시작할 차례다. 고맙다고 말하고, 사과하고, 어려운 질문을 할 차례다. 경쟁자를 돕고, 눈에 띄지 않았던 가치를 찾고, 배움을 기다리는 사람에게 가르침을 전할 차례다.

그렇게 하지 않을 이유는 물론 헤아릴 수 없이 많다. 지금껏 그 모든 일을 회피했던 현실적, 시간적, 재정적 이유들이 있을 것이다.

하지만 기회는 무궁무진하다.

두려움을 기분 좋게 포용하고, 당당히 행동하고, 중요한 일을 할 기회 말이다.

존 빙엄John Bingham은 '느리게 뛰기' 운동의 아버지다. 그는 경주에서 우승하지 못하지만 그래도 끊임없이 출전한다. 고통을 감수하며 훈련하지도 않고, 자기보다 더 못 뛰는 선수들을 폄하하지도 않는다. 중년의 나이인 그는 운동선수가 되는 자유를 기꺼이 받아들였다.

그의 좌우명은 '내게는 시작할 용기가 있었다'이다.

그런데 그 좌우명은 약간 빗나간 것 같다. 동네 한 바퀴 달리는 데 용기가 필요하진 않기에 시작할 용기가 있었다고는 말할 수 없다. 그보다는 실제로 시작했다는 사실 자체가 기적이다.

'용기'라는 말은 위험을 극복하거나 위험한 뭔가에 뛰어들 때 사용해야 마땅하다. 자기 스스로를 위한 이야기를 선택하기 위해 용기가 필요하진 않다. 그저 상황이 어떻게 흘러가는지 살펴보고 선택하기만 하면 된다.

> ## "내가 끝까지 해낸 게 기적이 아니라 시작할 용기가 있었다는 게 기적이다."

빙엄은 한 발, 또 한 발 내디디며 시작했다.

또래의 다른 건강한 사람들과 마찬가지로 그 역시 동네를 한 바퀴 돌 만큼의 힘은 있었다. 하지만 고작 한 바퀴라도, 달린다는 생각이 불안으로 바뀌고 두려움으로 변해서 '선택의 여지가 없어. 꼼짝 못 하게 됐어'라는 절망으로 이어진다는 걸 잘 알고 있었다. 그러나 그는 그 굴레에서 벗어났다.

빙엄은 자신이 동네 한 바퀴를 달릴 수 없는 사람이라는 믿음을 버렸다. 그리고 이 세상 누구든 숙명을 타고나지는 않으며 모두가 선택의 문제라는 사실을 깨달았다. 선택이 전부였다.

모두가 선택의 문제다.

OBLIGATION
IS A
PRIVILEGE
AND

A

CURSE

의무는 특권이자 저주다

빚진 사람은 아무도 없다

내 친구 로한 라지브Rohan Rajiv가 블로그에 이런 글을 올렸다.

> 인간이 느끼는 불행의 상당 부분은 이 세상과 세상 사람들에게 받을 빚이 있다
> 는 생각에서 비롯된다. 이 사고는 이런 세계관에서 나온다. '나는 좋은 사람이
> 야. 지금까지 이런 일, 또 이런 좋은 일을 해왔고 다들 내 덕을 보고 있어.'
> 그런 세계관은 기대를 부르고, 기대는 피치 못할 실망으로 이어진다. 여러 가
> 지로 무모한 생각이기도 하다. 무엇보다도 자기 행동의 영향력을 지나치게 과
> 대평가한다는 점에서 문제가 된다.
> 하지만 다음 두 가지 진실을 마음 깊이 받아들이면 상황은 훨씬 나아진다.
> 첫째, 내게 빚진 이는 아무도 없다(감사하다는 말조차 들을 이유가 없다).
> 둘째, 사실 이 세상과 사람들에게 빚을 진 쪽은 나다. 나는 육체적으로, 감정적
> 으로 세상에서 일정한 자리를 차지해 쓰고 있다. 그러니 그 답례로 뭔가 좋은
> 것을 줘야 마땅하다.

이 글의 문장 하나하나가 가슴 속 깊이 와 닿았다. 그런데 '빚진 이는 아무도
없다'라는 문장에는 사실 상당히 많은 의미가 함축돼 있다. 그래서 이 진술을
꼼꼼히 분석해보려고 한다.

의무는 호혜적 관계가 아니다

우리는 빚을 갚을 때 열심히 일한다.

하지만 빚진 기분이 들면 맡은 일을 훌륭히 해내기 힘들다. 이런 역설적 상황이 의미하는 바는 무엇일까? 일을 잘한다는 것은 어떤 의미인지, 사람들은 빚진 기분을 어떻게 느끼는지 다시 생각해보자.

누군가 우리를 고맙게 생각하고 그 보답으로 우리 삶에 변화를 선물하거나 어떤 식으로든 응답하리라 기대하면서 자기 차례에 나선다면, 이는 실패할 환경을 만드는 것이다. 조만간(아마 꽤 빠른 시간 안에) 실망할 것이기 때문이다.

남들이 어떻게 해주기를 바라는 마음으로 뭔가를 한다면 꼼짝없이 갇힌 신세가 된다. 다른 사람들을 자기 마음대로 통제할 수는 없는 법이다. 그렇기에 계속해서 열심히 일할 것인가에 대한 결정권을 남에게 넘겨주는 행동은 어리석다.

우리 자신의 일에 관해서는 그 누구도 빚진 게 없다. 그러나 반대로 우리가 남들에게 진 빚은 상당히 많다.

되돌려 받을 빚이 있다는
기분에는 독성이 있다

받지 못할 빚은 독이다

의무는 우리의 행동에서 상당 부분을 좌우한다. 대다수 사람들은 누군가에게 뭔가를 빚지면 그 빚을 갚고 싶어 한다. 의무감은 자못 본능적으로 느껴지는 감정이다. 그동안의 노력이나 기술, 호의가 있기 때문에 뭔가 빚이 있는 기분을 느끼는 것이다.

그래서 이런 식으로 자문한다. 선생님을 존경할 의무가 있는가? 배우자에게 충실할 의무가 있는가? 국가에 충성할 의무가 있는가?

한편 우리는 누가 우리에게 빚을 졌는지, 무슨 빚을 졌는지 파악한다.

사람들은 되돌려 받을 빚이 있다는 느낌을 어떻게 처리할까? 당신이 도전하고 위험을 감수했을 때, 관용을 베풀었을 때 상대방은 무엇을 되갚아야 할까?

예상했겠지만 내준 빚을 모두 돌려받지는 못한다. 결국 사람들은 우리를 실망시킬 것이다. 그리고 우리와 한 약속이나 지켜야 할 의무를 우리와는 다르게 해석할 것이다. **따라서 되돌려 받을 빚이 있다는 기분에는 독성이 있다.**

네 가지 의무

이렇게 분석하면 사실 많은 이들이 실제로 빚을 지고 있고, 그것도 상당히 많은 빚을 진 경우가 대다수라는 문제가 있다.

일상에서 날마다 접하는 의무 네 가지에 대해 생각해보자.

> 사회적 (또는 문화적) 의무
> 법적 의무
> 도덕적 의무
> 예술적 의무

사회적 의무: 도서관에서는 조용히 속삭이듯 말해야 한다. 물론 크게 떠든다고 법에 위배되지는 않지만 남들의 눈총을 받을 것이다. 도서관에서는 조용히 할 의무가 있다. 도서관에 걸어 들어가는 순간 우리는 그와 같은 사회적 계약 속에 놓인다.

하루 종일 우리는 사회적인 의무를 이해하고 그에 합당하게 살아가기 위해 노력한다. 처음 보는 사람에게 "감사합니다"라고 말하고, 아기를 보고 미소 짓고, 뒤따라 들어오는 사람을 위해 문을 잡아준다. 꼭 마음에서 우러나지 않더라도, 의미 있고 좋은 결과로 보답받으리라 생각하지 않더라도 그렇게 한다.

법적 의무: 누군가와 계약을 체결하면 계약 당사자는 일정한 의무를 진다. 어떤 가게에서 뭔가를 사가는 사람은 그에 대한 비용을 지불할 의무가 있다.

이처럼 법적 의무는 이미 정해져 있어서 문제 될 소지가 별로 없다. 사회는 법적 의무를 문서화하고, 의무를 따르지 않으면 어떤 결과가 초래되는지 미리 결정해두는 등 관심을 기울인다.

도덕적 의무: 사회적 의무에 전통적, 역사적으로 형성된 의무를 더한 것이다. 강아지를 죽이지 말고, 가족을 돌보고, 스스로를 지키지 못하는 사람들을 보호할 의무

가 이에 속한다. 지역사회와 사람들 간에 이런 의무가 존재한다는 사실은 대부분 동의할 것이다.

도덕적 의무를 저버린 사람은 다른 이들에게 외면당해야 마땅하며, 실제로 배척당한다.

예술적 의무 : 우리가 논하는 주제와 가장 관련 깊은 의무다. 앞서 설명한 다른 의무들에서 벗어나야만 두려움의 핵심인 예술적 의무, 즉 예술 앞에서 사람들이 어떻게 해야 하는지에 관한 문제에 이른다.

대중 앞에서 노래를 부르기 위해 수년 동안 훈련받는 가수들에게 우리는 무엇을 빚지고 있는가? 회의 시간에 참신한 아이디어를 내놓는 사람에게는 어떤 빚을 졌는가? 온갖 도덕적, 문화적 의무를 고려한다고 해도 예술가라면 반드시 이렇게 생각해야 한다.

되돌려 받을 빚은 아무것도 없다.

물론 우리는 오랫동안 노력한 가수에게 큰 박수를 보내고, 격려하고, 다시 멋진 무대를 선보이도록 기운을 북돋고 싶을지 모른다. 그 가수의 노래를 구입해 듣거나 팬으로서 지지하거나 응원할 수도 있다.

그렇게 된다면 그 자체로 좋은 일이다.

그러나 작품을 많이 만들어내는 예술가는 예술적 의무를 거부한다. 관객이 그들에게 빚진 것은 아무것도 없다고 여기고 관객의 빚을 탕감하면, 예술가 본인이 원하는 작품을 만들 자유가 생긴다. 그런데 그 반대의 측면 역시 사실이다. 예술가는 관객에게 모든 것을 무한히 빚지고 있는 듯 행동해야 한다.

관객의 반응이 없으면 예술가는 어찌됐든 작품을 더 만들어야 한다. 예술가로서 다시 해보고, 또다시 해야 한다. 받을 빚이 있어서가 아니라 우리의 문화에 (그리고 자기 자신에게) 예술을 빚지고 있어서다.

소설가 닐 게이먼Neil Gaiman이 말한 것처럼, 마음먹은 대로 잘되지 않으면 더 나은 예술 작품을 만들어라.

우리가 우리 차례를 맞아 적극적으로 나서려는 이유가 남들에게 격려를 받기 위해서는 아니다. 그저 그렇게 할 수 있어서다. 그리고 우리의 의무이기 때문이다.

더 나은
예술 작품을
만들어라

닐 게이먼Neil Gaiman

선물의 본질

최고의 선물을 전할 때는 받는 이에게 뭔가를 요구하지 않는다. 주는 사람 또한 이렇게 말할 리는 만무하다.

"이 선물을 마련하느라 고생했어. 그러니 기꺼이 받아주고, 좋아해주고, 잘 사용해줘. 이 선물을 준비하기 위해 들인 공을 생각해서 내게 고맙게 생각해야 해. 이 선물이 너에게 영향력을 행사할 거야."

당연히 그렇지 않다. 최고의 선물은 이런 말과 함께 전달된다.

"여기 내가 이걸 만들었어. 네가 원하는 대로 써."

관객의 의무를 부풀려 생각하면 관객에게 실망하는 것은 물론, 다시는 관객 앞에 나타날 필요가 없어진다. 작품 활동을 그만두고 숨어버리기에 좋은 변명일 뿐이다. 이번에 우리에게 주어진 기회는 이길 차례가 아니고 선택될 차례도 아니다. 고맙다는 인사를 받을 차례도 아니다.

이번은
우리가 선물을
줄 차례다.

얼마나 더 대접받아야 하는가

우리 집 근처에 있는 한 약국은 천장이 고풍스런 주석으로 장식돼 있다. 직원들은 하나같이 다정하고 박식하며, 장기간 근무해온 사람들이다. 그리고 다른 약국에는 없는 귀하고 좋은 상품들이 많다. 그런데도 손님들은 물건 값을 100 원이라도 아끼겠다고 대형 약국 체인으로 발길을 돌린다.

농산물 직판장에 있는 작은 매장 주인이 한쪽 테이블에 무료 시식 코너를 만들어놓고 손님을 맞는다. 사람들은 물건을 살 생각도 없이 그저 시식을 하러 몰려든다. 그리고 있는 대로 음식을 집어 먹기만 하고 훌쩍 자리를 뜬다.

작가가 수년간 심혈을 기울인 끝에 책을 펴내면 냉담한 비평가들은 책을 읽어보지도 않고 비난을 쏟아낸다.

영화를 보러 온 관객이 휴대폰을 들고 영화가 끝날 때까지 통화를 한다. 감독과 제작진이 애써 만든 영화가 빛날 기회가 사라진다.

구두 장인이 구두 가장자리에 대다리를 대면서 피땀 어린 공을 들인다. 그러나 구두를 신는 사람들은 그 장인의 노력에 대한 일말의 고마움도, 가치도 느끼지 않는다.

직원들의 점심과 간식을 챙기는 것은 물론, 직원을 존중하고 성장 기회를 제공하는 등 사무실 분위기를 훌륭히 이끄는 경영자가 있다. 그러나 직원들은 여전히 예전 습성을 버리지 못하고, 자율적인 분위기를 창의적인 활동이 아닌 일을 덜 하는 쪽으로만 이용한다.

이런 모든 나쁜 행동에도 전혀 굴하지 않고 관대함, 훌륭함, 특출함을 고집하고, 필요 이상으로 공을 들이며 노력하는 사람들이 있다. 대가를 바라거나 그래야 마땅하기 때문에, 또는 그렇게 약속했기 때문이 아니다. **그저 그렇게 할 수 있기 때문이다.**

실망할 기회를 내주지 마라

반응을 기대하고, 고맙게 생각해주기를 바라고, 박수갈채를 바란다면 우리는 대화에 적극적으로 참여하지도 않고 거래에 서명도 하지 않은 누군가를 대신해 약속을 한 셈이다. 자신과 달리 별 관심이 없는 누군가에게 중요한 권한을 내어준 것이다.

뭐든지 부족하기만 했던 전통 경제에서는 거래가 경제의 모든 것이었다. '옥수수를 주면 돈을 주겠다', '여기에 신청하면 직접 가져다주겠다' 처럼 '당신이 이걸 하면 나는 이걸 하겠다' 는 식의 거래가 기본이었다. 그런 식의 거래는 앞으로도 사라지지 않을 것이다. 채무 관계는 문화를 움직이는 동력이다.

하지만 그런 거래 중심의 문화는 진정한 선물을 창조할 우리의 능력을 박탈한다. 심지어는 창조할 기회를 피해 숨을 구실까지 제공한다. 그러다 보니 우리는 "사람들이 이해하지 못해요", "다들 그렇게 안 할 거예요", "아직 완성하지 않았어요" 같은 핑계를 댄다. 그리고 이런 말로 둘러댄다. "그 사람들은 자격이 없어요." 뒤로 물러서고, 창조하기보다는 타협하기 시작한다.

우리는 이렇게 불평한다. "그 캐스팅 에이전트는 예전에 내 아이디어를 악용한 적이 있어요." "이 손님은 이 동네에 다시는 들르지 않을 거예요. 팁에 인색한 짠돌이가 분명해요." 점점 관계에서 물러서고, 사람들에게 항상 실망하다가 결국에는 자기 자신을 비하한다.

그럼 실망할 기회를 아예 만들지 않으면 어떨까?

트럼펫 연주자 마일즈 데이비스Miles Davis는 가끔 관객들을 등진 채 공연했다. 관중에게는 편히 즐길 자유를 주고, 자신은 박수를 위해서가 아니라 음악을 위해 연주했다.

"자, 내가 만든 거야" 라는 말이 대화의 시작이자 마지막이 될 수도 있다. 만들어낸 것 자체가 바로 보상이다. 용기를 냈고, 자기 차례에 할 일을 다 했다. 그걸로 족하다.

의무를 조작하지 마라
핑계 뒤에 숨지 마라

ARE
YOU
THIRSTY
ENOUGH?

간절히 원하는가?

"언젠가는 준비될 거예요"

그녀가 내게 했던 말이다.

그녀는 대학을 4년 다니고, 인턴으로 1년 일하고, 6개월 동안 구직 활동에 몰두해서 마침내 취직에 성공해 저작권 대리인 밑에서 일하게 됐다. 내가 물었다.

"앞으로 목표가 뭔가요? 어떤 미래를 꿈꾸나요?"

이런 진지한 질문을 던졌던 사람이 별로 없었는지, 반가운 질문이라는 듯 그녀의 두 눈이 반짝였다.

"제 꿈은 저작권 대리인이 되는 거예요. 그래서 제 상사가 하는 일을 하고 싶어요."

그렇다면 왜 지금 시작하지 않을까? 왜 지금부터 고객들을 찾아 나서고, 소규모 기획안을 내놓는 등 출판에 관심 있는 사람들을 중계할 방법을 찾지 않을까? 왜 기다리고 있을까?

그 이유는 기다려야 한다고 들어왔기 때문이다.

우리는 고등학교 1학년이 되기 전에는 고1 수학 수업을 듣지 않는다(적어도 누가 월반을 하라고 말해주지 않았다면 말이다. 그런데 그런 상황은 단지 선택받았다는 사실 때문에 주목을 받는다). 그리고 어떤 일자리를 얻기 전에는 그 일을 하지 않는다. 또, 부탁받기 전에는 앞에 나서서 남들을 이끌지 않는다.

하지만 정말 그래야 하는지 한번 생각해보자. 영화 〈시에라 마드레의 황금〉에서 눈에 띈 대사가 하나 있었다.

"배지? 배지 같은 건 안 달고 다녀도 돼……."

저작권 대리인이 되는 데 허가가 필요하진 않다. 작가도, 극단 단장도 마찬가지다. 드디어 차례가 왔으니 뭐든 해도 좋다고 허락해줄 높으신 분 같은 건 없다.

원하는 무엇이든 해볼 기회는 평생 좀처럼 오지 않는다. 잘 모르기 때문에, 누군가 불러줄 때까지 기다려야 한다고 순진하게 믿기 때문인 경우도 가끔 있다.

그러나 대부분은 그만큼 간절히 목말라하지 않기에 기회가 오지 않는 것이다.

인터넷이란,
배우는 데 필요한
노력을 들일 만큼
갈증을 충분히 느끼기만 하면
원하는 건 뭐든지
배울 수 있음을 의미한다.
배지는 필요 없다.

We Don't Need Badges.

변화는 늘 목마르다

한번은 비영리단체 애큐먼Acumen이 지원하는 스타트업 회사 웨스턴시드Western Seed 관련 업무로 케냐에 다녀왔다. 웨스턴시드는 케냐의 비옥한 곡창지대에서 열심히 일하는 농부들에게 씨를 판매한다. 웨스턴시드에서 판매하는 씨앗을 심으면 수천 년간 전통적인 방법으로 얻은 옥수수 씨앗보다 두세 배 많은 곡식을 수확할 수 있다. 현재 웨스턴시드는 미국에서 50여 년간 사용돼온 것과 비슷한 종류의 자연교배 씨앗을 판매하는 데 반해, 이 지역에서는 전통적으로 그해에 얻은 씨를 매년 보관했다가 이듬해에 사용한다.

나는 웨스턴시드에서 주최한 농부들의 회의에 참석했다. 참석자는 총 25명 정도였다. 모두 전통 방식으로 농사를 짓는 사람들로, 웨스턴시드가 집중 공략하는 대상이었다. 이야기를 나눠보니 이들은 다른 농부들과 이웃들이 어떤 종자를 심는지, 현재의 농법이 효과가 있는지 여부를 전혀 파악하지 못하고 있었다. 나는 적잖이 놀랐다. 이렇게 정보가 단절된 현상은 대부분의 서구 농업 사회에서는 좀처럼 볼 수 없다. 서구 농부들은 데이터에 온 신경을 기울이고, 조금이라도 더 효과적인 방법을 찾기 위해 끊임없이 연구한다.

회의가 있던 다음 날 나는 루시Lucy를 만났다. 루시는 마을에서 가장 부유한 축에 속했다. 그녀는 농장 세 곳과 택시, 젖소 여러 마리를 소유하고 있고 자녀 9명을 모두 사립학교에 보낸다. 그것도 이웃들과 똑같은 크기의 땅에서 농사를 지어 얻은 소득으로 말이다. 그렇다고 루시가 이룬 성공이 특별하진 않다. 케냐에서 그녀와 비슷한 성공을 이룬 농부는 상당히 많다.

그녀는 자신의 성공에 대해 이렇게 말했다.

"간단해요. 전 제 힘으로 가족을 부양하고 싶어요. 그래서 수확량을 늘릴 수 있는 새로운 방법이 있으면 뭐든 바로 시도해보죠."

생각해보면 맨해튼에 사는 저작권 대리인이냐, 케냐에 사는 농부냐가 중요한 게 아니다. 중요한 것은 목마름이다. 그리고 목마름이야말로 주도적으로 나서고 변화를 이끄는 기본 요소다.

배움의 비밀

나는 평생 사람들을 가르치면서 살았다. 카누, 저글링, 마케팅, 스냅 카드게임, 리더십, 컴퓨터공학, 심지어 수저 사용법까지 가르쳐봤으며 어린이부터 대학생, 장년층까지 연령대도 다양했다. 그러면서 성공하는 이들과 그렇지 못한 이들을 구분하는 조건은 단 한 가지라는 사실을 발견했다.

성공하는 학생들은 찾아와서 "가르쳐주세요"라고 말한다.

그들은 실패와 당혹감을 일시적인 상태로 본다.

"잘 안 되더라고요. 다른 방법을 알려주세요."

그들이 바로 목마른 이들이다.

나머지 학생들은 팔짱을 끼고 지켜본다. 오로지 시험에 나오는 부분인지에만 관심을 둔다. 그리고 도통 집중을 하지 못해서, 가르치려면 우선 학습 의욕부터 불러일으켜야 한다.

이는 구조화된 교육에서 실제로 벌어지는 일들이다. 학생들의 의욕을 불러일으키지 못하면 학습이 이뤄지지 않는다. 배움에 따르는 실패와 좌절이 모습을 드러내면 대부분 더 이상 노력하지 않는다.

온라인 교육이 대변혁을 가져왔다고들 말한다. 온라인으로 전문 컴퓨터공학 수업을 신청하는 사람들이 정기적으로 10만 명 이상에 이른다. 유명 교수들이 직접 가르치고 수강료도 무료다. 그런데 그중 99퍼센트(무려 99퍼센트다!)가 과정이 끝나기도 전에 그만둔다. **아직 목이 덜 말라서다.**

진실을 말할 때

사람들은 우리가 어떤 사람인지 모른다. 우리가 무슨 생각을 하고 있는지도 전혀
모른다. 그렇기에 우리의 의견, 전망, 진실을 사람들에게 알려야 한다.
물론 지금까지 우리가 살아온 대부분의 시간 동안 우리는 지시를 받고 그에 따라야
만 했다. 하지만 이제 세상은 우리의 이야기를 듣고 싶어 한다. 사람들은 우리가 앞
에 나서서 이끌고, 우리의 몫을 다하고, 진실을 말하기를 기다리고 있다.
절대적인 진실이 아니라 우리 각자의 진실, 즉 우리가 보는 세상은 어떻고 세상이
어떻게 변하기를 바라는지에 관한 진실 말이다.

숨을 곳이 없는 곳

숨을 곳이 없었던 적이 있는가?

"내가 만들었어."

"내 잘못이야."

"내 생각이었어."

"내가 하겠다고 결정했어."

이렇게 말해야 하는 상황을 모면하기 위해 우리는 얼마나 많은 애를 쓰는가? 공허한 기분에 빠지고 싶지 않아서, 살아남기 위해 권력자의 눈치를 보면서, 비난받고 싶지 않아서 그냥 넘어가길 바라는 때가 얼마나 많은가?

숨을 곳이 없는 바로 그곳이야말로 우리가 있어야 할 유일한 장소다.

문제가 된다면 우리가 도망칠 만한 모든 빈 공간을 속속들이, 구석구석, 작은 구멍이라도 모두 제거해야 한다.

이 정도로 완전히 발가벗은 상태가 돼야만 자기 차례라고 생각하고 적극적으로 나선다. 뭔가 의미 있는 것을 만든다는 게 무엇인지 이해하게 된다.

내키지 않는 걸 잘 안다. 그 누구도 처음에는 내켜하지 않는다. 무슨 수를 쓰더라도 피하도록 배워왔다는 걸 나도 이해한다.

그러나 그런 습성은 충분히 걸을 수 있는 사람에게 주어진 목발이나 다름없다.

자, 이제 자신을 켜켜이 감쌌던 옷을 모두 벗어버리자.

.64

.54 .55 .56 .57
.58

.39

숫자를 따라
점을
연결하고connect
있는가,
그저
모으고collect
있는가?

.45

.38

.13

44

.46

.14

.50 .48

.51 .49 .47

.15

.36

.35

.34

.53

목마름은 어디서 오는가

지식에 대한 갈망을 느끼는 법을 가르치는 수업은 없다. 책을 읽음으로써 욕망을 불태우는 것도 거의 불가능하다.

목마름은 환경에서 비롯된다. 보통 부모와 친구들의 영향을 받는다. 때로는 어려운 가정에서 자라며 생겨나는 경우도 있지만, 그보다는 가난을 겪지 않고 자랐을 때 더 많이 생긴다. 가진 것이 너무 많고 자원이 지나칠 정도로 풍족하면 갈망이 해소돼, 배우고 성장하고 기여할 욕구를 없앤다.

목마름은 습관에서도 온다. 왜인지 묻고, 사람들 앞에 내놓고, 앞에 나서서 이끄는 습관에서 생긴다. 배경이나 문화에 상관없이 누구든 갈망을 느낄 수 있다. 갈망은 성별, 소득, 이기려는 욕망에 뿌리를 두고 있지 않다.

우리도 깊은 목마름을 느낄 수 있다. 나아가 목마름을 느끼는 건 우리의 의무다.

목마름은 어디로 가는가

두려움은 갈망을 없애는 주범이다. 우리는 갈망을 없애는 방법을 안다. 가끔은 일부러 그러려고 애를 쓰는 것도 같다. 이런 행동을 하면서 말이다.

왜냐고 묻는 사람에게 핀잔을 준다.

아끼는 이들이 성장하고 나면 어디론가 떠나갈까 두려워한다.

과정이 아니라 점수와 결과에 집중한다.

조사해온 것을 칭찬하기는커녕, 문장에서 잘못된 부분을 지적한다.

생산하기보다는 소비한다.

책임지기보다는 남을 탓한다.

사후 강평

성적이 잘 나온 걸 확인하는 것과 의미 있는 뭔가를 배우는 것 중 어느 쪽이 더 나을까?

꽤 중요한 갈림길이다. 기업과 교육기관이 협력하는 산학협동 시스템이 널리 자리 잡으면서 사람들은 더 점수에 민감해지고 혹시라도 C 학점을 받을까봐 두려워하게 됐다. 우리의 인생에서 12~16년에 걸친 교육과정은 뭔가를 배우는 게 아니라 다만 A 학점을 받는 데 맞춰져 있다.

그러니 갈망이 사라지는 것도 당연하지 않겠는가?

만일 우리가 지금 가는 길과 다른 길, 즉 끝없는 배움의 길을 걷는 쪽을 선택한다면 어떻게 될까?

군대에서는 사후 강평이라는 시간을 마련해 지속적인 발전의 계기로 삼는다. 매번 훈련을 마친 뒤 모든 관련 단체들이 모여 허심탄회하게 개선 방향을 논의하는 것이다.

A 학점을 받는 데만 관심이 있는 사람들이라면 그런 강평을 열기는 조금 어려울 것이다. 자리에 모인 이들은 배우려는 의지가 있는 사람들이어야 한다.

갈망이 있는 사람들이어야 한다.

의미 있는 작품을 만들고, 발전하고, 관계를 진전시키고자 한다면, 다시 말해 더 많이 배우는 것을 목표로 한다면 사후 강평은 가장 쉽고 확실한 수단이다.

"궁금한 게 있는데요"라고 말을 꺼내는 것은 "아무 문제도 없지요?"라고 묻는 것과는 완전히 다른 차원이다.

아무 문제도 없을 리는 거의 없기 때문이다.

악마에게는
변호인이 필요 없다
그대로도 괜찮다

The Devil Doesn't Need An Advocate...
He's Fine

열세 살 소녀의 선택

영화 〈오즈의 마법사〉를 보면서 이야기 속의 모든 결정과 권유, 용기 있는 행동은 하나같이 10대 소녀 도로시의 몫이었다는 사실에 주목해본 적이 있는지 모르겠다. 뭔가를 결정하고, 계속해서 앞으로 나아가고, 마녀에게 물을 쏟아붓는 인물은 항상 도로시였다.

10대 소녀의 자유를 담은 이 줄거리는 영화가 나온 1939년으로서는 혁명적이었다. 그리고 애석하게도 오늘날 미디어에서조차 그런 설정은 드물다.

영화를 보다 보면 도로시는 세상에 하나뿐인 독특한 인물이라는 생각이 든다. 물론 이 완벽한 영웅은 우리들이나 우리의 여동생, 딸과는 완전히 다르다. 도로시는 이상적인 허구의 인물이기 때문이다.

그렇지만 도로시라는 인물의 진수는 나이와 성별에 관계없이 우리 모두의 내면에 있다. 물론 살면서 날아다니는 원숭이 떼와 만나거나 양철 나무꾼과 이야기 나눌 일은 없겠지만, 우리 모두 도로시처럼 걱정을 안고 산다. 또한 종종 회의에 빠지고, 누군가에게 선택되기만을 기다리기도 한다.

차이가 있다면 도로시는 머릿속에서 들려오는 목소리보다는 자기에게 맡겨진 임무가 더 중요하다고 결단했다는 점이다. 매 순간 도로시는 두려움에도 불구하고 (또는 두려움 때문에) 일어서고, 선택을 한다.

"그래, 그건 사실이야. 도로시.
지금까지 넌 계속
그 슬리퍼를 신고 있었어."

"You ought to be ashamed of yourself!"

안전하다는 환상
(그리고 두려움이라는 실수)

미국 북부 호수에 사는 아름다운 아비새는 한번 짝을 지으면 평생토록 함께 산다. 한 호수에 자리 잡고 가족이 함께 사는데, 호수가 작은 경우에는 겨우 아비새 한 가족만 지낼 여건이 된다. 그래서 다른 암수 한 쌍이 호수에 자리 잡을 것 같으면 먼저 살던 아비새 가족은 그 자리를 떠나 새로운 보금자리가 될 호수를 찾아서 몇 달씩 돌아다닌다.

아비새가 밤중에 우는 소리는 한번 들으면 웬만해서는 잊을 수가 없다. 시중에는 아비새 울음소리가 녹음된 CD까지 있다. 이 CD를 가져다가 호수에서 크게 틀면 아비새는 큰 울음소리로 자기 영역임을 알릴 것이다. 그러나 녹음된 울음소리를 계속해서 틀면 아비새는 다른 아비새 한 쌍이 호수에 자리 잡았다고 생각하고 살던 곳을 떠날 게 틀림없다.

잘못된 증거가 두려움을 낳은 것이다.

그런데 이런 덫에 걸리는 것은 아비새뿐만이 아니다.

에스컬레이터가 고장 나면 그 자리에 서서 도움을 구하는 게 훨씬 쉽다고 생각하는가? 그러나 에스컬레이터를 걸어 올라가는 편이 그냥 서서 기다리는 것보다 쉽고 안전하다. 그저 보기에만 위험해 보일 뿐이다. 가만히 서 있는 것은 가장 위험한 계획이다.

자유가 주어지면 우리는 두려운 생각들을 지어내고, 위협적인 존재를 만들어내고, 잘못될지도 모를 일들부터 찾아낸다. 그 모두가 실패의 두려움을 모면하고 눈앞에 있는 기회를 밀쳐내기 위한 행동이다.

"어부들은 바다의 위험과
폭풍우의 괴력을 잘 알지만,
그런 위험이 바다로 나서지 말아야 할
이유가 됐던 적은 없다."

───────────────

빈센트 반 고흐 Vincent Van Gogh

두려움을 한쪽에 밀어두기

마라톤을 하면 누구든 지친다.

하지만 지치지 않고 달리는 법을 알려주는 책은 없다. 지치지 않고 달릴 수는 없기 때문이다. 자기 차례를 맞아 뭔가를 시도할 때는 누구든 겁이 난다. 그런데 왜 어떤 이들은 두려워하는 기색 없이 중요한 일을 하고, 연설을 하고, 엉뚱한 일에 도전할까? 분명 두려움을 느낄 텐데 말이다.

마라톤을 완주하려면 밀려드는 피로를 잠시 밀쳐둘 장소를 찾아야 한다. 피로감을 피하는 게 아니라 그저 잠시 어딘가에 놓아두는 것이다. 중요한 일을 할 때도 그렇다.

WHERE DO YOU PUT THE FEAR?

두려움을 어디에 밀어두는가?

통로 걸어가기

충분히 준비된 시점과 실제로 시작하는
시점 사이에는 짧은 순간이 있다. 대기실에
서 무대까지 걸어가는 통로가 그에 해당한다. 최
종 회의를 앞둔 회의, 최종 승인을 받기 전 확인도 마찬
가지다.

통로를 걸어가는 그 순간, 우리는 무사히 끝나기를 간절히 고대
한다. 관객들이 미소 짓고, 상사가 고개를 끄덕이며 만족을 표시
할 순간을 간절히 바란다.

이는 공중그네 한쪽에서 출발해 맞은편까지 허공을 날고 있는 순간
과 비슷하다. 확실하게 자세를 유지하기 위해, 안전하기 위해, 착지에
성공해서 공중을 나는 자세를 끝맺기 위해 온 정신을 쏟는다.

그런데 잠깐.

이 순간은 더 늘리고 덧붙이고 다듬는 시간이다. 조금 더 힘껏 밀어
붙이고 단순화하고 아름답게 다듬는 시간이다. 마치 마술을 부리듯
완벽해지기 위해 "한 가지 더 있습니다"라고 용기 있게 말하기 위
해 지금껏 모든 노력을 쏟아부었으니 이 순간이야말로 우리에겐 더
없이 중요한 기회다.

그런데 이때 많은 이들이 마음을 닫고 스스로를 보호하거나 자신이
만든 것으로부터 약간의 거리를 두기 시작한다.

그러나 생각해보라. 숨을 곳이 아주 많지만, 통로를 다 걸어가서 무대에
서는 순간에는 준비한 일이 우리의 손을 떠난다. 끝까지 잘 버틴 것이다.
멈추라거나 미루라는 게 아니다. 마감은 바뀌지 않는다. 바뀌는 것은 바
로 자신과 일의 밀착된 관계, 그리고 이 순간을 활용해 할 수 있는 가장 크
고 힘든 일에 기꺼이 최선을 다하고자 하는 마음이다.

불확실성을 받아들이는 용기

항공권이 과잉 판매되면 어떤 일이 벌어질까? 가뜩이나 불안해하는 여행자들을 겁 먹게 하는 이런 일이 요즘에는 자주 발생하지 않지만 말이다.

예를 들어 항공기 좌석은 150석인데 탑승하고자 하는 사람이 160명이라고 하자. 그중 운 좋은 150명이 탑승 수속을 마치고 비행기에 올라 가방을 짐칸에 넣고 편하 게 자리 잡으려는 참이다. 그때 항공사 직원이 헐레벌떡 달려와, 두 시간 뒤에 출발 하는 항공편을 이용하는 사람에게는 항공료 500달러에 보상금 300달러를 지급하 겠다고 방송한다.

제법 구미가 당기는 제안이다. 한 시간에 400달러를 버는 셈이니 말이다. 비행기에 탄 사람들 중 시간당 400달러를 버는 사람이 몇이나 되겠는가?

그런데도 손을 드는 사람은 아무도 없다. 일단 비행기에 탑승한 승객들에게는 곧 출발한다는 보장이 있기 때문이다. 게다가 비행기에서 내리면 욕심을 부린 대가로 불운이 닥치지 않을까 염려되기도 할 것이다. 확실성을 보장받기가 얼마나 힘든데, 왜 굳이 불확실성을 놓고 거래하겠는가?

그렇지만 이 세상에는 불확실성에 마음을 열고 새로운 길을 찾아나서는 개척자들 이 있다. 그들은 달을 정복하고, 영향력 있는 비영리재단을 설립하고, 가슴 깊이 와 닿는 그림을 그린다. 사람들은 그런 이들을 우러르고, 기회와 감사하는 마음을 아 낌없이 보낸다.

그들이 **엄청난 위험**을 감수해서가 아니라 **불확실성**을 기꺼이 받아들이기 때문이다.

내게 필요한 것과
남에게 필요한 존재가 되는 것

내면에서 들려오는 목소리는 퍽 시끄럽다. 못 들은 척 무시하면 더 시끄러워진다. 이는 원하는 게 있어서다. 앞서 요구했던 게 충족되면, 원한다고 생각해왔던 뭔가가 곧 또 다른 요구로 바뀐다. 그동안 단순히 바랐던 뭔가는 금세 반드시 필요한 것으로 바뀐다.

신학자이자 랍비였던 아브라함 J. 헤셸Abraham J. Heschel이 지적했듯이, 유기체가 생존하기 위해 반드시 충족돼야 할 기본적인 사항들이 있는데 그런 사항들의 끝이 있는지는 불명확하다. 그래서 수많은 광고들은 그런 욕구의 최대치를 늘리려고 애쓴다. 사람들이 바라는 물건을 상기시키거나 뭔가 갖고 싶은 마음이 생기도록 끈질기게 유도한다.

필요한 것보다 더 많이 원해봐야 무슨 소용이 있을까? 더 많은 것을 필요로 하면 권한과 자유를 남에게 넘겨버리는 꼴이 된다. 반면 스스로 필요한 존재가 되면 남에게 기여하고 좋은 영향을 끼칠 수 있다.

필요한 존재가 되는 건 너무 큰 의무이자 부담스러운 약속이며, 받아들이기 버겁다고 생각하는 사람들도 있다. 그렇지만 남에게 필요한 존재가 되는 사람은 에스컬레이터에 꼼짝없이 갇히는 일이 좀처럼 없다.

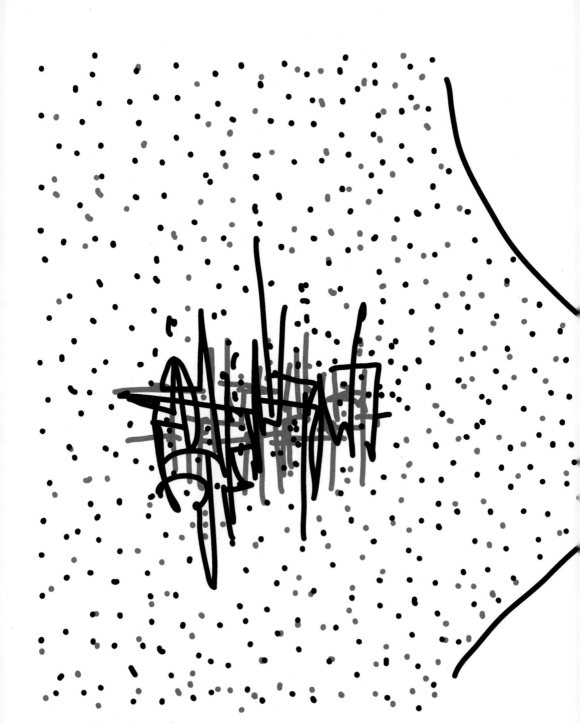

@gapingvoid

the market for
something to believe in
is infinite

믿을 만한 대상을 찾는
수요는 무한하다

'그렇다'고 말하기

"우리는 개인적 욕구의 제한 속에서 감옥에 갇힌 듯 느낀다. 만족에 더 깊이 몰두할수록 압박의 느낌도 깊어진다. … 더 높은 차원의 긍정으로 스스로 아니라고 말할 수 있어야 한다."

아브라함 J. 헤셸, 《신과 인간 사이Between God and Man》

세상은 앞으로 나아가고, 이끌고, 손을 들고 나설 기회를 자주 준다. 필요한 존재가 되고 중요한 일을 할 기회가 있지만 우리는 그런 기회를 좀처럼 받아들이지 않는다. 안전하게 지내며 선택을 기다리고 싶은 욕구에 위배되기도 하고, 더 급히 해결해야 할 다른 욕구가 있기 때문에 망설인다.

갈등을 해소하거나 가능한 한 빨리 만족을 얻기 위해 열중한다면, 계획하지 않았던 가능성이나 기회를 흔쾌히 받아들이려는 마음 상태에 이르기는 지극히 어렵다.

우리가 '아니다'라고 부정할 때마다 세상은 점점 작아지고 각자의 생각 속에 고립되면서 상상으로 만들어낸 약점과 두려움은 쑥쑥 자라난다. '아니다'라는 말은 문을 닫아버린다. 내면의 재잘거림을 없애줄지 모를 외부적인 자극을 줄인다.

'아니다'라는 말은 안전할 것처럼 느껴지지만 오히려 머릿속 소음을 증폭시키는 결과만 낳는다. 반면 '그렇다'라는 말은 그동안 속하지 않았던 세상 속에 발을 들여놓으며 필요한 존재가 되도록 해주는 초대장이다.

행운 학교

심리학자 리처드 와이즈먼Richard Wiseman은 이렇게 말한다.

"연구 결과에 따르면 운이 좋은 사람들은 네 가지 기본 원리를 통해 행운을 불러들이는 것으로 나타났다. 기회를 만들고 포착하는 데 능하고, 직감에 귀를 기울여 운 좋은 결정을 내리고, 긍정적인 기대로 자기충족적인 예언을 하고, 불운을 행운으로 바꾸는 쾌활한 태도를 보인다."

다시 말해 운이 좋아지는 법을 배울 수 있다는 뜻이다. 다음과 같은 방법으로 말이다.

주변에 기여하고, 자기 목소리를 내고, 변화를 이끌 기회에 주목한다.

저항, 두려움의 목소리, 계속 재잘거리면서 정신을 흩뜨리는 머릿속 소음과 직감의 목소리를 구분하고 직감에 마음의 문을 연다.

진심을 담아 '그렇다'고 말함으로써 자기충족적인 예언을 만든다. '맞아, 효과가 있을지 몰라. 그래! 해보는 거야!' 라고 되뇐다.

마지막으로, 불운이 갈림길이 아니라 잠시 지나가는 일시적 현상이 되도록 평소에 쾌활하고 밝은 태도를 몸에 익힌다.

그러면 삶이 곧 행운 학교가 된다.

의지를 갖고 의욕적으로 실천하면 배울 수 있다.

"불안과 자포자기가
우리를 한결 매력적으로
만드는 세상에 살면
얼마나 좋을까?"

영화 〈브로드캐스트 뉴스〉 중에서

뉴노멀

'보통' 이란 개념은 문화적이어서 시기와 상황에 따라 변한다. 평범함의 기준은 '이 것이 우리 같은 사람들이 원하는 걸까? 우리 같은 사람들은 무엇을 할까?' 라고 고민하는 과정에서 형성된다. 중국에서는 길에 침을 뱉는 사람을 흔히 않게 볼 수 있다. 하지만 시카고나 마이애미에서라면 상당히 드문 일이다. 침 뱉기는 인간의 기본적인 행동일까, 아니면 사람들이 그렇게 하니까 우리도 따라 하는 것일까?

예전에는 스마트폰을 가진 사람이 하나도 없었지만 이제는 다들 하나씩 들고 다닌다(나이키 운동화나 어그부츠도 마찬가지다). 물론 모든 사람이 전부 가지고 있는 것은 아니다. 지구상에 사는 사람들 중에는 아직 스마트폰이 없는 사람이 대다수다. 하지만 우리 주변의 10대 청소년이나 회사원 등 모두가 가지고 있기에 이제는 뉴노멀 New Normal, 즉 새로운 표준이 됐다.

문화는 바로 그런 형식으로 진보한다. 공공연했던 인종차별이 근절되고, 요가복을 만드는 회사가 성공적으로 자리 잡은 것도 그런 전개 과정의 결과다. 그렇게 여러 집단이 화합해서 새로운 기대와 필요를 형성해간다.

또한 문화의 안개는 농도가 짙은데도 불구하고 눈에 잘 띄지 않아서 존재하는지조차 눈치채지 못한다. 어떤 열한 살짜리 여자아이는 소녀들은 귀엽고, 조용하고, 순종적이어야 한다는 말을 매일 듣는다. 빈민가에 사는 사내아이는 권력이 있는 사람들을 어떻게 생각해야 하는지 듣고, 더 큰 꿈을 꿀 때마다 되풀이해 듣는다. 부유한 교외에 사는 10대 청소년은 그들에게 잘 어울리고 잘 맞는 것이 무엇인지 듣고, 눈에 보이지 않는 기준과 기대 속에 자라난다.

에스컬레이터에 갇히는 문화 역시 우리가 만든 것이다. 그런 문화는 근거 없는 믿음과 역사, 삶의 교훈 속에서 뿌리를 내렸다.

그러나 세상은 변하고 있다. 무엇이 가능하고 무엇을 할 수 있는지에 대한 안목이 생기고 기꺼이 계단을 걸어 올라갈 생각이 있다면 새로운 표준은 얼마든지 만들어 낼 수 있다. 간디는 이런 말을 남겼다.

"남들이 무엇을 하는지 살피려고 기다릴 필요는 없다."

주어진 것인가, 선택된 것인가

'주어지고, 타고나고, 물려받고, 일의 일부이고, 우리를 위해 준비된 것'과 '뭔가를 만들고, 세우고, 노력하기로 결정한 것' 사이에는 엄청난 차이가 있다.

함께 일하는 비영리단체 임원과 어떤 일을 추진하고 있었는데, 어느 날 그가 이렇게 말했다.

"그렇지만 우리 후원자들은 이런 믿음이 있는 사람들이라네."

그 당시에는, 과거 그 시절에는 그랬을지 모른다. 하지만 조직이 발전하고 성장하면 예전과는 다른 믿음과 생각을 가진 기부자가 필요하다. 그리고 그런 변화는 선택의 문제이지, 갑자기 그냥 생겨나지는 않는다.

어떤 선택을 내릴 때는 결정 사항을 밖에 알리지 않고 스스로만 알고 있을 때 성공할 가능성이 훨씬 높다. 그때 선택은 그들의 선택도, 주사위 던지기도 아닌 바로 우리의 선택이다.

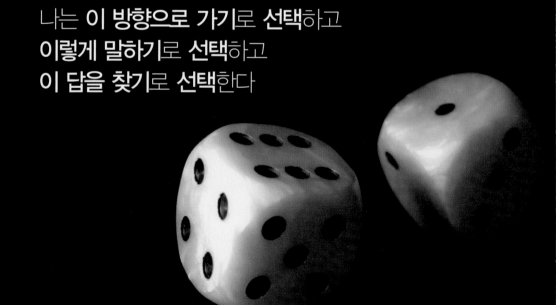

나는 **이 방향으로 가기**로 **선택**하고
이렇게 말하기로 **선택**하고
이 답을 찾기로 **선택**한다

소심하거나 무모하거나, 빡빡하거나 느슨하거나

소심하고, 무모하고, 빡빡하고, 느슨한 네 지점이 있다면 예술가는 어디에 머무를까? 트럼펫 연주자 마일즈 데이비스, 코미디언 조지 칼린George Carlin, 과학자 마리 퀴리Marie Curie는 어디쯤에 머물지를 어떻게 결정했을까?

너무 소심하면 안전하다. 너무 무모하면 그 또한 안전하다. 무모함을 진지하게 받아들이는 사람은 아무도 없기 때문이다.

너무 빡빡하면 춤출 여유도, 높이 뛰어오를 수도 없다. 너무 느슨하면 경계도, 지렛대도, 기댈 버팀목도 없다.

소심함과 무모함이 균형을 이루는 것은 정중앙으로, 자제하는 태도와 어리석은 태도 사이를 오가는 지점이다. 바로 그곳이 우리가 마법을 부릴 수 있는 지점이다.

숨을 곳은 무수히 많다. 우리가 각자 알고 있는 숨을 장소는 백만 가지도 더 된다. 여기서는 예로 든 것은 그중 네 가지뿐이다.

수치심과 실패

실수는 유쾌하지 않지만 그래도 꼭 필요하다. 배움, 실험, 제작에 임하는 과정에서 실패를 피할 수는 없다.

아기가 걸음마를 배울 때 넘어진다고 핀잔하는 사람은 아무도 없다. 부모는 아기가 잘 걷지 못해도 언젠가는 제대로 해낸다는 걸 안다.

그렇지만 걸음마를 떼고 나면 더 이상 그런 혜택은 누리지 못한다. 그 뒤에 실패하면 수치심과 창피함을 면하기 힘들다.

사람들은 순응과 복종을 얻어낼 수단으로 상대에게 수치심을 안긴다. D⁻ 학점을 받았다고, 골을 넣지 못했다고, 파티에 입고 온 옷이 이상하다고 망신을 준다. 그러니 우리가 실패와 수치심을 연관 지어 생각하는 것도 당연하지 않은가?

마이크를 손에 쥐다

이 새로운 혁명은 20여 년 전에 시작해서 성장세를 지속해오고 있다. 이 혁명의 결과에 대해 논할 때 온라인 소매시장의 부상이나, 네스트Nest에서 만든 가정용 온도조절기를 예로 드는 사람도 있다. 그러나 뭐니 뭐니 해도 가장 중요한 변화는 개개인의 손에 마이크가 쥐어졌다는 점이다.

바로 인터넷의 발전을 말하는 것이다. 인터넷의 가장 기본적인 용도는 무엇일까? 가장 먼저 이메일, 채팅, 온라인 동영상 등을 들 수 있다. 또한 페이스북, 트위터, 미트업Meetup 등의 소셜 미디어가 있다. 그 외에 인터넷 쇼핑몰 이베이, 온라인 백과사전 위키피디아, 크라우드펀딩 서비스인 킥스타터Kickstarter 등도 있다. 그런데 이 모두가 공통점이 있다.

이 인터넷 매체들은 힘을 가진 소수가 선택 조건을 제한하는 상황을 무너뜨렸다. 그리고 개개인과 조직이 목소리를 내고, 작품을 만들고, 공유하고, 나눌 길을 열고 있다. 30년 전에는 경제지가 몇 개밖에 없었다. 동네마다 서점도 몇 안 됐으며 서적 진열 코너는 넓어봐야 분야별로 몇십 미터 정도였다. 텔레비전 방송국은 지상파 세 곳에 불과했으며, 케이블 방송국 10여 군데가 개국을 앞두고 있었다. 시민 밴드 무전기CB radio가 있긴 했지만 관심사가 비슷한 사람들끼리 소통할 수단은 마땅히 없었다. 휴대용 확성기가 나왔지만 확성기를 가지고 있는 기관은 몇 군데 없었다.

지금도 예전과 다름없이 혼자서 묵묵히 일하는 사람들도 있다. 프리랜서로 목공 일을 할 수도 있고, 고객을 몇 명 두고 경리로 일할 수도 있고, 브로드웨이 뮤지컬의 기술진이 돼 일할 수도 있다.

그렇지만 비용이 저렴하고, 아주 강력하고, 어디든지 있는 마이크의 발명은 모든 측면에서 영구적인 변화를 낳았다.

언제 목소리를 잃었는가

마이크와 확성기를 손에 쥐고도 우리는 어찌해야 할지 잘 모르고 제대로 사용하지 못한다. 장치가 고장 나서가 아니라 쓰고자 하는 의지가 없어서다.

인터넷은 할 말이 있는 사람은 누구든 말할 자유를 제공했다. 남들과 관계를 맺고, 가진 것을 나누고, 세상에 당당히 영향을 미칠 자유를 줬다. 그런데 우리는 이 자유를 좀처럼 누리지 못한다. 내면에서 들려오는 이야기, 즉 책임이나 위험, 실패에 대한 두려움을 감당할 수 없어서다.

명확히 짚고 넘어가자면 사람들이 목소리를 잃은 것이 아니다. 목소리는 늘 그랬듯 거기 그대로 있다. 다만 활용할 수 있다는 생각과 의지가 무력해졌을 뿐이다.

그런 두려움과 싸우지 마라. 두려움에 맞서선 안 된다. 두려움을 인정하고, 겁이 나더라도 목소리를 내야 한다. 그렇게 하기는 물론 쉽지 않다. 쉬웠다면 벌써부터 그렇게 하고 있었을 것이다. 마라톤 주자가 기진맥진해지는 게 당연하듯, 목소리가 크고 명확한 사람에게 두려운 마음이 생기는 것은 당연하다. 그렇지만 그런 사람은 상관하지 않고 자기 목소리를 낸다. 맨 처음에는 속삭임으로 시작해도 무방하다.

어찌 됐든 시작해야 한다.

ONLY DO IT

오로지 한번 해봐

나이키의 유명한 슬로건 '그냥 한번 해봐Just Do It'에서 '그냥Just'은 무엇을 뜻하는 걸까? 여담으로, 나는 글을 쓸 때 '그냥'이라는 단어를 남용하는 경향이 있다. 요전에는 책을 다 쓴 뒤에 워드프로세서의 '찾기-바꾸기' 기능으로 찾아보니 '그냥'이라는 말이 178개나 있어서 거의 다 지워버렸던 적도 있다.

나이키에서 그냥 한번 해보라고 했을 때 '이까짓 거 상관없어. 그냥 해버려'라는 의미였을까?

그렇진 않다고 생각한다. 데이비드 레이놀즈David Reynolds가 쓴 것처럼 그 말은 '오로지 한번 해봐'라는 뜻이다. 구구절절 논쟁하지 말고, 공연스레 구실을 만들지 말고, 두려움과 흥정하지 말고, 그냥 오로지 한번 해보라는 의미다. 그 누가 기대하는 것보다 더 열심히 하고, 핑계 대지 말고, 지금 당장 해보자. 오로지!

우리는 뭔가를 '오로지' 하는 경우가 드물다. 그럴 때 발휘되는 힘은 우리 자신도 놀랄 만큼 강력하다.

다큐멘터리 영화 제작자가 되는 길

30일 동안 맥도날드 햄버거만 먹은 실험으로 잘 알려진 모건 스펄록Morgan Spurlock은 이 시대를 대표하는 다큐멘터리 영화 제작자다. 그가 아주 적은 예산을 들여 만들었던 여러 영화와 텔레비전 프로그램은 음식과 노동계급을 비롯해 여러 시대적 이슈에 대한 수백만 명의 시각을 바꿔놓았다.

그런데 한 가지, 카메라를 구하는 데 예전처럼 그렇게 돈이 들지 않는데도 왜 스펄록 같은 사람은 한 명밖에 없는지 궁금하다.

독립 다큐멘터리 영화 제작자가 되는 길은 험난한 여정이다. 하지만 험난한 여정은 그 외에도 얼마든지 있다. 사무실에 꼼짝없이 앉아 일하는 보험회계사도 힘든 길을 걷는다. 온종일 반복적인 업무를 하는 것도 힘든 일이다. 그런데 생계를 위해 지루하기 짝이 없는 단조로운 일상을 보내는 삶에 대한 관심은 턱없이 부족한 듯하다.

물론 그런 일자리도 분명 선택받아야 얻을 수 있고, 자기 자리와 울타리가 있을 뿐 아니라 "내 일이야"라고 말할 변명거리가 있다. 그에 비해 스펄록 같은 사람들은 변명할 여지가 없다.

그들은 자기 차례를 맞아 나섰고 자신이 기회를 거머쥐었다는 사실을 받아들이며 살아간다.

제2바이올린 연주자의 선택

지휘자 벤저민 잰더는 제2바이올린 연주자들이 지녀야 할 태도에 대해 확고한 생각을 갖고 있었다. 그에 비해 어떤 이들은 제2바이올린 연주자가 되는 것을 실패나 다소 부끄러운 일로 여긴다. 오케스트라에서 제2바이올린은 영광스러운 자리가 아니다.

물론 현악4중주에서는 제2바이올린도 제1바이올린만큼 음악적 경험이 풍부한 연주자여야 한다. 제1, 제2라는 말 대신 이 바이올린, 저 바이올린이라는 말로 대체해도 될 정도다. 그렇지만 우리 사회 속에 뿌리 내린 체계는 그렇지 않다. 제2바이올린은 아무래도 열등하며 제1바이올린으로 뽑힐 날만을 기다리는 존재로 여겨진다. 자진해서 제2바이올린 자리를 맡으려는 사람은 아무도 없고, 제2바이올린 자리를 전문으로 가르치는 선생도 없고, 제2바이올린 연주자로 이름이 널리 알려졌거나 신망 받는 사람도 없다. 그러나 자신의 음악을 만들 기회를 포기하고 그저 악보에 적힌 대로 연주할 뿐이라면, 제2바이올린을 연주하는 것이 아니라 상황에 굴복하는 것이다.

훌륭한 제2바이올린 연주자는 제1바이올린을 맡을 기회가 올 때까지 기다리고만 있지 않는다. 자기 차례를 맞아 도전에 나서는 바로 그 순간 다른 연주자와 화합하고, 환희의 음악을 만들고, 힘껏 도약하는 제2바이올린 연주자가 될 수 있다.

우리가 처음은 아니다

대학에 갓 입학해서 등교하는 새내기에게 건네는 메모

: "오늘 입고 나온 민소매 티셔츠가 전위적이며 급진적이라고 느꼈겠지만, 그런
생각을 한 사람이 자네가 처음은 아니네. 알고 보면 지난 10년 동안 신입생들
은 해마다 마치 아무도 걷지 않은 길을 걷는 듯 씩씩한 걸음으로 학교에 들어
섰지."

전례 없는 압박, 징조, 기회가 한꺼번에 엄습해오는데 이런 지독한 상황은 경험해본 적이 없어 세상
의 종말이 다가왔다고 생각하는 기업가에게 건네는 메모

: "그런 적이 있네."

적극적으로 도전해야 할 상황을 맞아 힘겨워하고, 이제는 모든 게 끝장이라고 확신하는 사람에게
건네는 메모

: "그렇지 않네."

내가 단언한다.

우리가 처음은 아니다.

우리가 존경하고 우러르는 모든 이들은 우리와 똑같은 경험을 했다.

깊은 수렁 같고 돌아올 길이 없는 계곡 같아 보이지만 사실은 그렇게 느껴지는 게
정상이다. 다른 평범한 삶과 격리돼 진귀하게 보일 정도로, 정말 중요한 뭔가를 한
다는 기분을 느끼게 되는 게 바로 이 계곡이다.

그런 느낌을 부정하거나 피해 달아나거나 몰아내려고 하지 마라.

두려움과 전율을 축복하라. 지금 막 추려는 바로 그 춤이 일을 가치 있게 만들 것이다.

당신에게 무한한 신뢰를 보낸다.
어제 무슨 일이 있었는지,
그 전날 무슨 일이 있었는지는 상관없다.
그게 바로 무한의 의미다.
언젠가는 다다르게 된다.

바로 오늘이 될 수도 있다.

"아프겠지.
그러면서도
사랑하게 될 게다.
그리고 그건 널
짓밟을 거야.
그래도 너는 여전히
그 모두를 사랑하겠지.
믿기 힘들 정도로
아름답지 않니?"

어니스트 헤밍웨이Ernest Hemingway, 《에덴의 정원Garden of Eden》

You'll ache.
and you're going to love it.
It will crush you.
And you're still going to love all of it.
Doesn't it sound lovely beyond belief?

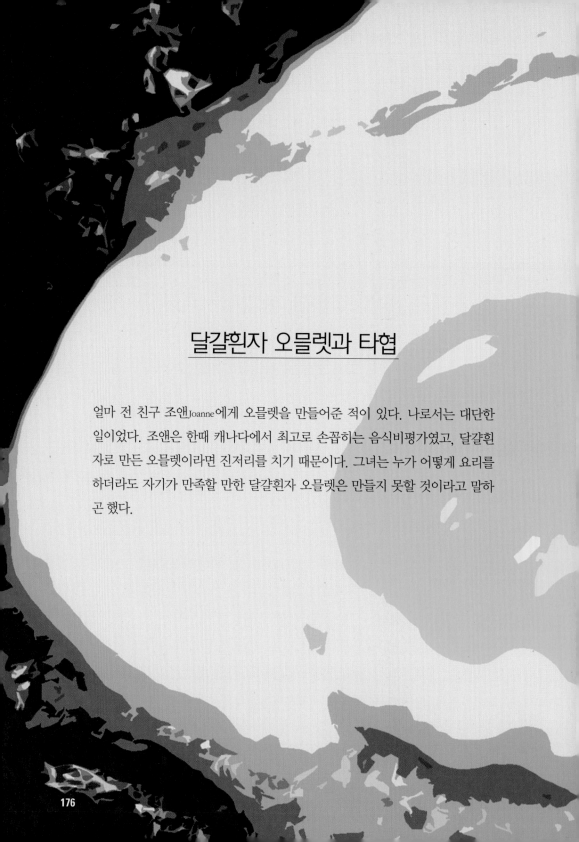

달걀흰자 오믈렛과 타협

얼마 전 친구 조앤Joanne에게 오믈렛을 만들어준 적이 있다. 나로서는 대단한 일이었다. 조앤은 한때 캐나다에서 최고로 손꼽히는 음식비평가였고, 달걀흰자로 만든 오믈렛이라면 진저리를 치기 때문이다. 그녀는 누가 어떻게 요리를 하더라도 자기가 만족할 만한 달걀흰자 오믈렛은 만들지 못할 것이라고 말하곤 했다.

나는 몇 년 동안 달걀흰자 오믈렛 만드는 방식을 끊임없이 연구한 끝에, 무쇠 냄비를 사용하고 신선한 허브를 곁들이는 요리법을 개발했다. 때로는 농산물 직판장에 가서 피망이나 시금치를 사다가 곁들이기도 한다. 아침으로 먹을 오믈렛을 만드는 데 걸리는 시간은 준비부터 뒷정리까지 6분도 채 걸리지 않았다. 그리고 조앤은 그녀 자신도 놀랄 정도로 내가 만든 오믈렛을 아주 좋아했다.

그녀가 지금까지 오믈렛을 맛없는 음식으로 생각해온 이유는, 아침 식
사로 오믈렛을 만드는 식당들이 하나같이 그저 그런 선에서 타협하기
때문이다. 그들은 아마도 내게 이렇게 질문할 것이다.

"레스토랑에서 흔히 쓰는 기본 냄비를 써도 됩니까? 무쇠 냄비는 닦기가 힘들어서요."
 : 물론 가능합니다. 그러면 오믈렛 색깔이 제대로 나오지 않고 탄력
  이 떨어지겠지만, 기본 냄비로도 요리할 수 있습니다.

"일반 가스레인지 대신에 휴대용 버너를 사용해도 됩니까? 그렇게 하는 게 더 편해
서요."
 : 물론 그래도 됩니다. 다만 그렇게 되면 화력이 약해서 익는 데 시
  간이 더 걸리고, 식감이 떨어지겠지요.

"꼭 신선한 허브를 사용해야 하나요? 신선한 허브를 쓰려면 재료비용이 3달러나 더
들 텐데요."
 : 물론 신선한 허브를 반드시 넣을 필요는 없습니다. 당연히 맛은
  조금 덜하겠지만 말입니다.

"그런데 선생님이 만드신 오믈렛이 상당히 크네요. 우리 식당은 규정상 오믈렛 하나
에 달걀을 세 개씩만 쓰도록 돼 있거든요. 그런데 달걀 세 개로 흰자 오믈렛을 만들
면 크기가 아주 작아지잖습니까. 오믈렛 가격은 정해져 있는데, 달걀을 더 쓰는 건
형평성에 맞지 않아서요. 그냥 세 개만 써도 괜찮을까요?"
 : 글쎄요. 달걀 한 개에 8센트이니까, 재료비를 최대한 아끼고자 하
  는 마음도 이해가 갑니다. 그러니 생각대로 하셔도 됩니다.

"곁들임 메뉴로 신선한 야채를 사용하셨는데요. 주메뉴인 오믈렛이 몸에 좋은 단백질 요리이기는 하지만, 곁들이는 메뉴는 그와 상관없이 해시브라운(튀긴 감자)을 내놓으려고 합니다. 다들 그렇게 먹으니까요."

: 그야 어떻게 하든 상관없습니다.

"농산물 직판장에 간다고 하셨는데요. 우리는 매일 식자재 공급업체에서 물건을 공급받는데, 원하는 야채가 공급업체 트럭에 실려 있지 않으면 구할 수가 없습니다. 직판장까지 가기는 너무 멀거든요. 이해하시죠?"

: 네, 생각대로 하십시오.

일단 타협하기 시작하면, 끝이 없다.

탁월한 위치에 오르는 것이 목표라면 가장 쉬운 방법은 덜 타협하는 것이라는 사실을 이해하기 바란다. 평범함은 안전해 보이지만 결국은 안전하지도, 평범하지도 못한 결과를 초래한다.

방송의 노예가 된 사람들

나는 〈더 딕 반 다이크 쇼The Dick Van Dyke Show〉 주제곡 가사를 안다. 그 곡이 〈페리 메이슨Perry Mason〉 주제곡을 만든 작곡가의 작품이라는 사실도 알고 있다. 드라마 〈더 프리즈너The Prisoner〉는 1회부터 끝까지 전부 봤고 시트콤 〈사인필드Seinfeld〉 역시 한 편도 빠짐없이 챙겨 봤다. 그러니 텔레비전을 보지 말아야 한다는 주장이나 미디어의 노예가 되지 말고 주도해야 한다는 주장에 대해 이야기할 자격이 된다고 본다(이에 관한 내용은 더글러스 러시코프Douglas Rushkoff의 강연 동영상을 참조하기 바란다. bit.ly/programor).

텔레비전은 수동적인 환경을 만든다. 사람들은 난롯가에 모여 앉듯이 텔레비전 앞에 앉아 넋이 빠진 채로 미디어 회사가 사람들에게 전하고자 하는 내용에 그대로 노출된다. 각 제작팀은 시청자들을 끌어오고 계속 붙들어서 수익을 내려고 고군분투한다. 그리하여 사람들은 매주 독서, 강의, 관계 맺기, 실험, 실패, 성장, 새롭고 엉뚱한 도전에 쓸 수 있었을 20시간 이상을 텔레비전 앞에서 보낸다. 심지어 일주일에 50시간 이상을 텔레비전 앞에서 보내는 사람도 상당히 많다.

텔레비전은 자신의 삶을 주도하지 못한 대가로 시간을 빼앗기는 올가미다.

컴퓨터 프로그램을 만들고, 학술회의를 기획하고, 블로그나 책, 영화를 만들거나 생각을 표현하라. 보는 사람이 아니라 만드는 사람이 되어라.

우리는 창작자나 관객 중 어느 한쪽이 된다.
또한 우리는 차례가 오기만을 기다리거나
적극적으로 차례를 찾아 나서거나 둘 중 하나가 된다.

어딘가에 매여 있다는 것

어딘가에 구속되는 상황을 싫어하는 사람도 있다.

차례가 돼 나서기만 하면 되고 마이크가 바로 눈앞에 있으며 모든 게 자신의 의사에 달려 있다면, 주저하며 물러설 경우 누가 책임을 져야 할까?

회복력, 끈기, 너그러움같이 습득된 자질이 유전자나 재능보다 더 중요하다면, 상황이 원하는 대로 흘러가지 않을 때 누구를 탓할 수 있을까?

흔히 우리는 다른 사람들이나 관료주의, 불공평한 시스템을 탓한다. 자신이 아닌 다른 누군가에게 비난의 화살을 돌리면 위안이 되고 마음이 편해진다.

그런데 뭔가에 매인 상태로 있으면서 자유와 함께 오는 기회를 보고 세상에 영향을 끼치고 중요하게 작용할 선택을 지켜보는 방법도 있다.

어딘가에 매여 있는 상태는 특혜다. 우리가 주위의 기대에 부응하고 보답할 것임을 주변 사람들이 믿어준다는 뜻이다.

피해야 할 상황이 아니다.

배운 대로만 그리는 화가

잭슨 폴락Jackson Pollock의 형 찰스 폴락Charles Pollock이 대중에 알려지지 않은 이유는
간단하다. 그의 스승이었던 토머스 하트 벤턴Thomas Hart Benton과 똑같은 그림을 그
렸기 때문이다.

벤턴의 벽화들과 영웅적 이미지는 미국 구상미술의 중대 전환점이었다. 그러나
잭슨 폴락이 물감을 뿌려서 그리는 액션 페인팅을 창조하면서부터는 입지가 확
좁아졌다.

그럼에도 형인 찰스는 변화를 시도하지 않았고, 적극적으로 도전하지 않았고, 먼
저 나서기로 선택하지 않았다.

그는 배운 방식으로만 그림을 그렸다.

대가에게 배웠지만 모방에서 벗어나지 못했다.

예술가가 된다는 건

뭔가에 매이고
적극적으로 나서고
잘되지 않을지도 모르는 일을 하고
관계 맺기를 추구하고
관용을 우선 받아들이고
책임을 지고
누군가를 변화시키고
인간이 되는 것이다.

지식인가, 아름다움인가

시인 존 키츠John Keats는 고작 스물네 살에 새뮤얼 테일러 콜리지Samuel Taylor Coleridge가 생각하지 못했던 부분을 간파했다. 지식은 우리가 이미 아는 한도 내에, 즉 우리가 만들어놓은 상자 속에만 들어갈 수 있다. 반면 아름다움은 그런 한계를 초월한다. 키츠는 이렇게 말한다.

"소극적 수용 능력Negative Capability은 사람이 사실과 이성을 쫓아 성마르게 대응하는 일 없이 미스터리, 의문 같은 불확실한 상태에 휩싸일 수 있을 때를 말한다."

의문은 그런 것과 그렇지 않은 양쪽 마음이 다 존재하는 데서 출발한다.

일단 어떤 말을 할지 결정하면
즉흥시를 읊지 않는다.
즉흥시를 읊고 나면
뭔가를 말할 수 있다.

가려움 긁어내기

'가려움 itch'과 '긁다 scratch', 이 두 단어는 혼동하기 쉽다.

이 둘은 똑같지 않다. 가려움에 대해서는 할 수 있는 게 없다. 가려움은 행동이 아니라 현상이다. 반면 **긁는 것은 우리가 하는 행동이다.**

두려움이라는 가려움, 저항이라는 가려움, '그렇게 하지 않는 게 낫겠다'는 생각의 가려움이 나타나면 어떻게 할지 결정해야 한다. 비명을 지르는 도마뱀의 뇌가 하는 말을 받아들여 두려움이라는 가려움을 긁어내야 할까?

긁는 행동은 가려움을 악화시킨다는 문제가 있다. 긁을수록 가려움이 심해진다.

두려움과 흥정을 하면 두려움이 더 강해진다.

두려움을 합리화하면 두려움이 더 강해진다.

두려움을 최소화하려고 들면 두려움이 더 강해진다.

두려움에 대해 우리가 할 수 있는 유일한 대응은 기쁘게 맞아들이고 함께 춤추는 것이다. 두려움을 기쁘게 맞이하고 나침반으로 활용하면 된다. '맞아, 지난번에 뭔가를 하지 말았어야 한다고 생각했는데 결국 괜찮았지. 이번에도 역시 그럴 거야. 괜히 가려운 데 긁었다가 일만 키우지 말고 이렇게 해봐야겠어.'

그러면 두려움은 목표를 달성하는 데 도움을 주는 수단으로 바뀐다.

예술가들은 가려움을 찾아낸 다음에 긁지 않는다.
그들은 가려움을 그대로 받아들인다.

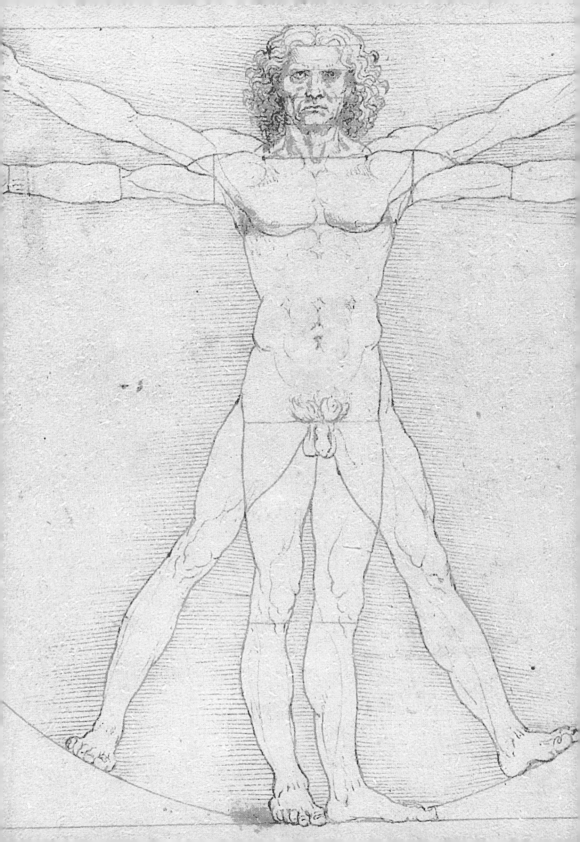

다빈치도 과학박람회에 가봤을까?

렘브란트는 어땠을까? 다빈치와 렘브란트가 회의에서 만나 계속해서 창작(소비와 반대되는 개념)을 해도 될지 토론했다는 것은 상상하기가 힘들다.

어릴 적 나는 다른 또래 아이들과 마찬가지로 화학실험 세트가 집에 있었다. 물론 전자실험 세트도 있었다. 그런데 그 둘은 같은 실험 세트였어도 상당히 달랐다.

전자실험 세트 상자에는 '전자 제품을 만드는 101가지 방법'이라고 적혀 있었는데, 고급 실험 상자의 경우는 방법이 191가지나 됐다. 작은 전자 블록들을 한데 모아서 배터리와 연결하면 라디오를 만들 수 있었다. 다른 방법으로 조립해도 똑같이 라디오를 만들 수 있었고, 그 외에 다른 방법들도 있었다. 그 실험 세트는 말 그대로 라디오 만드는 방법을 연습하는 기구였다.

그런데 화학실험 세트는 완전히 달랐다. 안전한 도구만 골라 담은, 요즘에 나오는 것 같은 실험 세트가 아니라 위험한 화학물질들이 실제로 들어 있는 진짜 화학실험 도구였다. 유황 연기가 지하실 밖으로 유출돼 폭발하거나 불이 날 수도 있었다. 그 화학실험 세트는 실패하는 과정이 전부였다. 반면 전자실험 세트에는 라디오를 만드는 방법이 작은 격자무늬 도안에 단계별로 정리돼 있었고 그대로 하면 늘 라디오가 완성됐다. 하지만 화학실험 세트는 수백 가지가 넘는 방법으로 해봐도 마음먹은 대로 정확히 결과가 나오지 않았다.

전자실험 세트와 같은 조립식 세트는 미래의 공장 근로자들을 위한 훈련 도구다. 레고나 조각 그림 맞추기 퍼즐은 재밌고 나름대로 쓰임이 있지만 뭔가를 만들어내기 위한 것은 아니다. 만들기는 어떤 게 제대로인지 알아낼 때까지 실패하는 것이다. 성공과 실패를 동시에 즐기는 과정이자 창조로 나아가기 위한 도약이다.

다빈치는 조립식 세트 같은 건 하지 않았다.

말싸움 클리닉

영국의 희극 그룹인 몬티 파이튼Monty Python 멤버였던 마이클 폴린Michael Palin과 존 클리즈John Cleese는 몬티 파이튼이 1960년대에 내놓았던 촌극 중 가장 뛰어난 에피소드를 연기했는데, 바로 말싸움 클리닉에 관한 내용이다.

마이클 폴린이 무대로 걸어 들어와 1파운드를 내면서 말한다.
"저, 말싸움 한번 하고 싶은데요."
그러면 접수처 직원이 말한다.
"아, 네. 바너드 선생님께 가보세요. 12번 상담실이에요."
폴린이 12번 상담실 문을 열고 들어간다. 방 안에는 또 다른 몬티 파이튼 멤버가 앉아 있다. 그 남자는 폴린에게 욕을 퍼붓기 시작한다.
폴린은 깜짝 놀라 어리둥절해진다. 이내 진료실을 잘못 찾아갔다는 걸 알아챈다. 말싸움 상담실이 아니라 욕설 상담실이었다. 그래서 황급히 문을 닫고 옆방 문을 연다. 안에는 존 클리즈가 앉아 있다. 클리즈는 아주 서툰 솜씨로 말싸움을 한다. 폴린과 클리즈는 말싸움에 관해 말싸움하고, 상당히 열띤 싸움이 한동안 계속된다. 그러다 돌연 클리즈가 대화를 중단한다. 폴린이 묻는다.
"왜 그러지요?"
클리즈가 대답한다.
"죄송합니다. 5분이 다 됐습니다."

생각해보면 우리는 매일 이런 희극 속에서 살아간다. 우리는 왜 우리를 기분 나쁘게 만드는 사람들이 있는 상담실에 가는 걸까? 온라인에서 우리를 싫어하거나 불신하는 사람들(심지어 누군지도 모른다)에게 왜 끝도 없이 피드백을 받으려고 하는 걸까? 왜 굳이 가려움에 노출돼 긁어내리려고 할까?
그와 똑같은 노력과 정성으로 우리는 '부추기기' 상담실, 열정으로 가득한 상담실, 해결의 순간을 기다리는 문제들로 가득한 상담실에 걸어 들어갈 수도 있다.

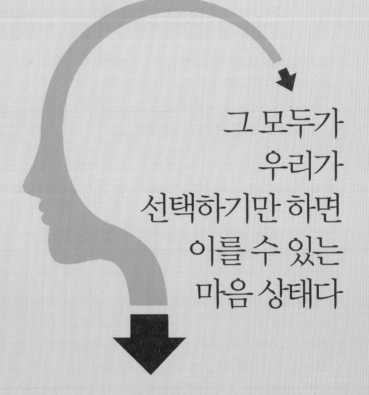

그 모두가
우리가
선택하기만 하면
이를 수 있는
마음 상태다

"상사가 허용하지 않을 겁니다"

조직 내에서 일하며 자기 차례에 적극적으로 나서기

인정하라

조직은 인정이라는 기반 위에 형성된다. 때로는 개인적인 직업 경력조차 그렇게 느껴지기도 한다. 그런데 그저 누가 공을 세웠는지가 아니라 **'이건 누구 탓일까'**를 가려낼 때도 인정의 문제가 대두한다.

하늘이 구름 한 점 없이 맑고 깨끗하면 사람들은 뭔가 중요한 일을 하고 싶어 좀이 쑤신다. 그럴 때 활용할 수 있는 가장 쉽고 발전적인 일은 공을 기탄없이 남에게 돌리는 것이다. 남이 인정받았다고 초조해하지 마라. 아이디어가 이것 하나밖에 없는 건 아니다. 뭔가 중요한 이야기를 하고 조직에 기여할 기회는 이번 말고도 얼마든지 있다.

머지않아 당신의 책상 앞은 최고의 성과에 대한 공로를 인정받고 싶어 하는 사람들로 북적일 것이다. 결국 당신을 찾으면 좋은 성과를 인정받을 수 있다는 사실이 널리 알려지면서, 한 차원 높은 인정을 얻기 시작한다.

비난을 감수하라

다른 사람의 공로를 인정하는 행동은 뒤집어 보면 비난을 감수하는 행동이라 할 수 있다. 자기 잘못도 아닌데 왜 비난을 받아들이고 싶겠는가? 가끔 벌어지는 자기 잘못에 대한 비난도 받아들이고 싶지 않기는 마찬가지다.

그럼에도 비난을 감수하려면 배짱이 필요하다. 어른들이라면 충분히 감당할 수 있는 일이며 그다지 치명적이지 않다. 그리고 무엇보다도 책임을 질 만큼 책임감 있는 사람에게는 기회가 더 많이 돌아온다.

듣지 마라

고객을 비롯해 당신의 동료와 선배들은 자신이 어떤 걸 원하는지 사실은 잘 모른다. 알았다면 우리가 나타나서 적극적으로 나설 때까지 기다리지 않고 벌써 스스로 만들거나 얻어냈을 것이다.

스티브 잡스Steve Jobs는 아이팟과 아이폰을 만들어달라는 고객의 요구를 듣고 만든 게 아니다. 그런 건 없었다.

헨리 포드Henry Ford는 다른 자동차보다 세 배나 비싼 차를 만들어달라는 사람들의 요구를 들은 게 아니다. 그런 건 없었다.

우리는 다른 사람의 말을 듣고 안전이라는 그

물 속에서 핑계 대기 쉬운 일을 한다. 남의 아이디어니 잘 안 되더라도 변명할 거리가 있어서다.

그러나 필요한 것은 남의 생각이 아닌 우리의 생각이다.

완벽하려 애쓰지 마라

지구를 완벽히 동그란 모양으로 만들어야 한다고 가정하자. **언제면 이 일을 완료할 수 있을까?**

그랜드캐넌을 메우고 에베레스트 산을 깎아 지구를 완전한 구형으로 만들려면 끝이 없는 도전이다. 그래서 지구는 절대로 매끈한 구형이 될 수 없다고 주장하는 완벽주의자가 있을 수 있다.

그런데 만일 이 지구를 농구공만 하게 줄이면 견줄 것 없이 가장 매끈한 구형이 될 것이다. 그 정도 크기라면 그랜드캐넌은 전자현미경으로 봐야 겨우 눈에 들어올 정도가 된다. 물론 완벽주의자들은 지구를 더욱 완벽히 둥글게 만들 수 있다고 말하겠지만, 어디에 비할 것 없이 가장 동그란 정도면 분명 충분하다.

아이디어를 훔쳐라

사람들은 피난 장소가 돼줄 독창적인 것을 찾는다. 완벽히 독창적인 것을 찾기란 힘들기 때문이다. 그래서 경쟁자가 자기와 조금이라도 비슷한 것을 했다는 사실을 알면 '너무 늦었

군. 누군가가 이미 했던 일이었어'라고 생각하며 거기서 멈춘다.

독창적이고 생산적인 일과 작품의 종류는 셀수 없이 많다. 그리고 그 모두가 예전에 있었던 뭔가를 기반으로 한다. 이미 있었던 뭔가를 편견 없이 개편하고 재조합하는 활동이 중요한 일을 만들어내는 첫 단계다.

내보내라

시장에 내놓기 전까지는 아직 존재하지 않는 것과 마찬가지다.

시장이라고 하면 당신이 준비한 보고서를 검토하는 상사, 홍보 내용을 듣는 기부자, 사업계획을 검토하는 투자자 등 여러 가지가 될수 있다.

지금껏 애써 준비한 일을 누군가 내놓기 전까진 아직 그 일은 존재하지 않는다. 준비한 것을 내보낼 때 우리는 바위의 깊은 틈을 통과한다. 준비된 일은 안전하고, 세상의 손길이 닿지 않고, 머릿속에서 온전한 상태인 '여기'에 있다. 하지만 밖으로 내보내서 두들겨 맞고 오해를 받아야 남들이 꿈꾸고 두려워하는 '저기'로 옮겨간다.

조용히 바꿔나가라,
비관주의자를 피하라

조직 내에서 뭔가를 변화시키는 가장 안전한 (그리고 가장 그럴듯한) 방법은 되도록 빨리, 자주 동의를 얻어내는 것이다. 상사에게 가서 계획을 소개하고 근거를 제시한 다음 동의를 구하라. 잔뜩 고조된 목소리로 "좋았어!"라는 대답을 얻어내면 금상첨화다.

사람들은 전권을 위임받고 싶어 한다. 17세기에 찰스 2세가 내란을 맞아 의회 당원들을 피해 도망갈 때, 그는 신하들에게 왕의 서명이 적힌 백지 위임장을 건넴으로써 완벽한 부인권否認權을 선물했다. 책임 없는 권력이라니, 이보다 나을 수는 없었다. 책임을 지지 않고도 왕위를 유지하고, 지휘권을 넘겨 변화를 일으키는 한편 자신은 완벽하게 안전해지는 방법이었다.

그러나 그렇게 해서는 절대 좋은 결과를 내지 못한다. 일단 당신의 상사에게는 백지가 전혀 없다. 크고 검증되지 않은 계획을 승인하는 건 조직에서 허용하지 않는다. 혹시 누군가가 승낙한다고 해도 우리에게는 말해주지 않을 것이다.

다리를 불태우지 말고
다리를 놓아라

차례가 돼 나설 때는 모든 상호작용과 모든 순간이 기회다. 만들 것인가, 빼앗을 것인가의 선택이다.

다른 누군가와 관계를 맺을 때 우리가 그 사람과의 관계를 발전시키고 있는지, 아니면 뭔가를 빼내가고 있는지 살펴보자. 또한 고객서비스센터 직원이나 영적 지도자나 길에서 만난 낯선 사람과 이야기를 나눌 때 우리가 뭔가를 만들고 있는지, 아니면 파괴하고 있는지 돌아보자.

잘 갖춰지고, 산업화되고, 성을 노골적으로 다루는 현대사회에서는 모든 상호작용이 은행의 현금인출기 거래와 비슷하기를 바라는 이들이 있다. 이들은 '감사합니다', '부탁합니다' 같은 말은 하지 않는다. 버튼을 누르면 돈이 나오길 바란다.

그렇지만 인간인 우리는 그보다는 나아질 수 있다. 이 지구를 처음 발견했을 때보다 더 나은 상태로 남겨둘 수 있다. 거래는 디지털도, 기업도 아닌 인간적이고 진실하고 사적이어야 한다.

남을 가르치면 내게도 득이 된다

가지고 있는 콩 포대를 남에게 주면 내게는 콩이 하나도 남지 않는다. 콩은 쓰면 없어지는 자원이다. 그러나 프리스비 던지는 법을 가르치면 나는 여전히 프리스비를 던질 수 있다. 그리고 상대방도 던질 수 있게 된다. 이런 방식은 무한히 이어갈 수 있다.

더 많은 이들이 던지는 방법을 배우면 함께 즐길 수 있다.

가르침은 우리 모두에게 보답한다.

사랑을 하고 있는가

책을 쓰는 이유 중 하나는 아이디어를 실천하기 위해서다.

책을 슬슬 마무리하면서 이런 생각이 들었다. 내가 말하는 예술, 용기, 관대함, 그 모두가 사랑에 관한 이야기라는 점이다.

사랑에 빠졌을 때 확실한 보장이란 없다. 사랑으로 보답을 받거나 영원히 지속되리란 약속도, 원하는 것이 충족될지에 대한 보장도 없다.

어떤 사람이나 아이디어를 사랑하는 행위와 마찬가지로 우리 차례가 돼 나설 때 겪는 일들은 이중성이 있다. 잘 안 될지도 모른다는 것을 알고, 그 사실을 받아들이고, 자신보다 남을 더 많이 위한다.

그리고 생각대로 잘 안 되면 다시 시도한다.

• • •

이렇게 하기로 뛰어드는 것은 사랑의 한 형태다.

초콜릿을 좋아한다고 할 때, 뭔가를 원할 때의 사랑이 아니라 가장 순수한 감성으로서의 사랑이다. 엄청난 비용과 희생에도 관용을 베푸는 사랑, 즉시 효과가 없어도 끝까지 고수하고 거절의 두려움을 견디고 기꺼이 받아들이는 사랑이다.

생각대로 잘 안 되고 엉망진창이 됐을 때조차 우리를 지지하고, 믿고, 안아주는 이들에게서 느끼는 사랑이다.

아마도 이 때문에 나는 우리 각자가 선택할 능력이 있음을 널리 전파하려고 애쓰는지 모른다. 그리고 삶에 안정을 제공하는 특권을 기꺼이 포기하는 사람들에게 매혹되는 것 같다.

이기적인 욕구에 집중하느라 사랑이 결핍된 삶을 살기로 결정한다면 얼마나 공허할지 상상해보라. 오로지 수익을 내는 데만 매달리고, 잘못될지 모르는 것들은 피하고, 어떤 상황에서든 곤경을 면하려고 애쓰는 삶은 얼마나 허무하겠는가.

우리가 속한 사회, 일과 관련된 삶, 창조하는 삶에서 사랑을 실천할 대단히 큰 기회가 있다. 잘 안 될지도 모른다는 느낌, 우리에게 의미 있는 사람들과 굉장히 가까워진 느낌, 무엇보다 변화를 꾀하고 중요한 것을 선택한다는 느낌을 몸으로 경험할 기회다.

누군가를 사랑하는 (그리고 사랑받는) 매혹적인 느낌을 거부하지 말아야 하듯, 이런 느낌을 거부해서는 안 된다. 이런 느낌은 복잡하고도 활력이 있다는 점이 핵심이다.

강연이나 수업을 마칠 때, 책 원고를 마무리할 때가 되면 나는 깊은 슬픔을 느낀다. 그러면서 새로운 세계를 창조하고 구름 속 궁전을 그리던 몇 분, 몇 시간, 몇 달을 돌아본다. 그런 기분이 지나가고 창조 활동이 끝나면 남은 것은 오직 내가 이끌고 전달했던 변화다. 변화만 남는다. 그것은 내가 다시 시도할 수 있도록, 그래서 우리가 다시 해볼 수 있도록 용기를 주는 변화다.

자, 엉뚱하고 새로운 일에 도전해보라.
사랑하는 마음으로.

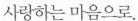

감사의 말

조앤 케이츠, 로한 라지브, 칼라 리시오, 아브라함 J. 헤셀, 벤저민 잰더, 로즈 잰더, 조디 새고린, 데이비드 레이놀즈, 위니 카오, 앨런 쿠라스, 캐서린 E. 올리버, 스티븐 데니스, 더글러스 러시코프, 대니얼 헬러-로젠, 스티브 프레스필드, 리사 디모나, 앤드루 켄들, 줄리 버스타인, 션 코인, 휴 매클라우드, 셰런 로, 테리 토비아스, 아이작 아시모프, 코리 닥터로, 마크 프라우엔펠터, 프레드 윌슨, 사샤 디터, 이시타 굽타, 재클린 노보그라츠, 버나뎃 지와, 밥 맥키넌, 브라이언 코플먼, 타미 사이먼, 도미니크 기버트, 니키 파파다폴로스, 에이드리언 자크하임, 케빈 켈리, 톰 피터스, 조-앤 탠, 미치 조엘, 클레이 허버트, 조너선 새크너 번스타인, 케리사 카타니아.

사진: 폴로 지미네즈 Polo Jimenez
디자인 감독: 알렉스 마일스 영거 Alex Miles Younger

Thanks, Dad

여기 언급한 모든 이들이 내 삶과 이 책에 중대한 영향을 끼쳤다. 감사의 인사를 전하고 싶다.

이 책을 마조리에게 바친다.
그리고 이번 책 작업을 시작하게 해준 모, 아낌없는 응원을 보내준 알렉스,
항상 곁에서 도와주는 헬렌에게 바친다.

사진 출처

출처를 특별히 명시하지 않은 사진들은 공유 이미지Public Domain거나 크리에이티브커먼즈 Creative Commons 저작물 또는 공정 이용에 활용되는 사진들이다.

표지 사진은 노엘 베수지Noel Besuzzi, boshimages.com의 작품이다. 에스컬레이터 동영상 사진은 팀 파이퍼Tim Piper가 제공했다. 그가 만든 동영상을 꼭 한번 보라고 권하고 싶다. 회의 사진은 내가 직접 찍은 것이다. 험프티는 공유 이미지에 손으로 채색한 것이다. 멕Mek 부족민 사진은 코르비스Corbis의 허가를 받아 사용했다. 빅토리아 시대 드레스는 올렉스 올레올Olex Oleole, oleole.tumblr.com이 재구성한 것이다. 롤러코스터 사진은 캐럴 지세케Carole Gieseke가 제공했다. 사구砂丘표는 루카 갈루치Luca Caluzzi, 해시계는 마이클 글래스고Michael Glasgow의 작품이다. 수영하는 아기 사진은 런던베이비스윔londonbabyswim.co.uk에 있는 필쇼 Phil Show포토그래피 작품이다. 나무 더미는 켄우드아트닷컴Kenwoodart.com의 켄 우드헤드, 몽크의 노트 메모 사진은 스티브 레이시Steve Lacy의 작품이다. 닐 가이먼 사진은 카일 캐시디Kyle Cassidy가 제공했다. 케냐에서 찍은 사진은 내 작품이다. 카누 교육 장면은 리언 무신스키Leon Muszynski의 사진이다. 재니스 조플린 사진은 이 책에 나온 여러 사진들과 마찬가지로 위키미디어커먼즈Wikimedia Commons에서 내려 받았다. 닐 영의 사진은 뮤지션 필 킹/맨 얼라이브Phil King/Man Alive 덕분에 구했다. 마이크 사진은 톰 윌슨Tome Wilson이 제공했다. 무쇠에 익힌 달걀 프라이 사진은 내가 찍었다. 토머스 하트 벤튼 WPA벽화는 스미소니언박물관Smithsonian 저작물이다. 도마뱀 사진은 아이스톡Istock을 통해 얻었다. 해골 사진은 라이언 레르히Ryan Lerch 작품이다. 휴 매클라우드 카툰은 게이핑 보이드Gaping Void 에서 제공했다. 마지막 페이지에 있는 파란색 바탕화면은 프랑스 남부의 하늘을 찍은 것으로 위키미디어커먼즈를 통해 얻었다. 제일 마지막 페이지에 있는 기사는 〈굿 하우스키핑Good Housekeeping〉에서 얻었다.

사진들 대다수는 폴로 지미네즈www.polojiminez.com와 내가 수정했다. 폴로에게 감사의 말을 전한다.

또한 이들에게도 감사의 말을 전한다. 앤디 서노비츠, 타마스 퍼레이키, 리타 데이비스, 제이미 서튼, 크리스 메이비티, 스탠 폴스, 션 T. 키너, 베키 바커, 앨런 하위, 밀트 매코널, 윌리엄 딜레커, 에이미 그레이스, 테드 라이트, 존 칼런, 로버트 매키니스, 루스 앤 하니시, 매리 위트컴, 존 잔스, M 월시, 마이크 로이드, 제프 커피스.

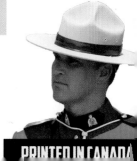

FIND
THE
OTHERS

책이 사람을 바꾸는 게 아니다. 사람이 사람을 바꾼다.
우리는 아이디어를 공유하고, 기준을 세우고, 확인하는 방법으로 주위 사람들을 변화시킨다.
심리학자 티모시 리어리Timothy Leary가 했던 말처럼, 뭔가를 깨우쳤으면 그다음은 사람들을 찾아 나서야 한다.
다른 사람들과 함께하면 큰 변화를 이끌 수 있다.
함께 일하는 팀원이나 아끼는 사람들과 이 책을 함께 보자.
더 자세한 정보는 홈페이지 www.yourturn.link를 참조하기 바란다.

다음엔 누가 이 책을 읽으면 좋을까?
이 책을 누구에게 건네면 좋을지 이름을 적어보자.

"우리 자신이 바로
지금껏 우리가 기다려왔던
사람들입니다."

페르시아의 시인
파리드 우드-딘 아타르Farid Ud-Din Attar에게
영감을 받아

최초의 직역형

물론 그 사건은 남편이 이름을 널리 알리고 저 역시 관공서에서 오랫동안 일하면서 지냈던 맨체스터에서뿐만 아니라 영국 전체에 엄청난 반향을 불러일으켰습니다. 언론에서 내놓은 의견은 하나같이 혹독한 비평이었지요. 모든 정치적인 모임에서 남자들은 연사에게 질문을 하고 대답을 요청할 수 있다는 현실에 대해서는 일언반구 없이, 젊은 두 여자의 행동을 전례 없고 터무니없는 행위로 취급했습니다. 그리고 그 둘에게 큰 관용을 베풀었다는 데 대체로 동의했습니다. 남녀 구분도 안 되는 이런 존재들에게 벌금과 징역형은 너무 가벼우니 중죄로 다스려야 한다고들 말했습니다. 버밍엄의 한 신문은 "여성들에게 정치적인 자격과 권력을 주는 데 반대하는 주장이 필요하다면 맨체스터에서 나와야 한다"고 단언했습니다. 지금까지 관심을 표명하지 않고 묵묵히 지켜보던 신문들도 예전에는 여성의 참정권 허용을 지지해왔지만 더 이상은 지지할 수 없다는 입장을 넌지시 밝혔습니다. 그들은 맨체스터 사건이 여성 참정권 운동에 찬물을 끼얹었으며, 아마도 돌이키기 힘들 것이라고 말했습니다.

그 여성들은 나를 쫓아 하원 의사당까지 왔습니다. 그들은 경찰의 명령에 저항했지요. 마침내 깨어난 겁니다. 그들은 지금껏 여성들이 한 번도 해본 적 없는 일을 할 준비가 돼 있었습니다. 바로 자신들을 위해 싸우는 일입니다. 여성들은 늘 남자들과 아이들을 위해 분투해왔습니다. 그렇지만 이제는 자기 자신의 권리를 위해 싸울 준비가 됐습니다. 공격적인 운동이 확고히 자리를 잡았습니다.

애니 케니의 감방 동료이자 여성참정권 운동을 이끈 공동 리더 크리스틴Christine의 어머니 에멀린 팽크허스트Emmeline Pankhurst의 이야기다. 크리스틴은 수전 B. 앤서니Susan B. Anthony(미국의 여성 참정권 운동 및 노예제도 폐지 운동을 주도했다—옮긴이)와 만나면서 크게 감화했다. 애니와 크리스틴은 자신의 차례에 적극적으로 나선 인물이었다. 글은 《굿 하우스키핑》에서 발췌했다.

Cover images: escalator ⓒ wikimedia
Back cover images: ⓒ photo by Noel Besuzzi
transparent lizard ⓒ linchpin / istock
Vincent van Gogh - Self Portrait ⓒ Google Art Project

What to do When it's your turn
지금 당신의 차례가 온다면

제1판 1쇄 인쇄 | 2016년 3월 20일
제1판 1쇄 발행 | 2016년 3월 25일

지은이 | 세스 고딘
옮긴이 | 신동숙
펴낸이 | 고광철
펴낸곳 | 한국경제신문
편집주간 | 전준석
책임편집 | 이혜영
교정교열 | 김순영
기획 | 이지혜 · 백상아
홍보 | 이진화
마케팅 | 배한일 · 김규형 · 이수현
디자인 | 김홍신
본문디자인 | 정현옥

주소 | 서울특별시 중구 청파로 463
기획출판팀 | 02-3604-553〜6
영업마케팅팀 | 02-3604-595, 583 FAX | 02-3604-599
H | http://bp.hankyung.com   E | bp@hankyung.com
T | @hankbp   F | www.facebook.com/hankyungbp
등록 | 제 2-315(1967. 5. 15)

ISBN 978-89-475-4080-3   03320